원서발췌

화랑세기 / 해동고승전

고전 명작을 읽는 가장 쉬운 길,
'지식을만드는지식 원서발췌'

축약, 해설, 리라이팅이 아닙니다. 원전의 핵심 내용을 문장 그대로 가져옵니다. 작품의 오리지낼리티를 가감 없이 느낄 수 있습니다.
두껍고 읽기 어려워 책장을 덮어 버리곤 했던 고전을 발췌합니다. 해당 작품을 연구한 전문가가 작품의 정수를 가려 뽑아냅니다. 핵심만 읽기 때문에 더 빠르게 더 많은 고전을 읽을 수 있습니다. 제외된 부분은 중간중간 친절하게 요약 설명합니다. 풍부한 해설과 주석으로 전체 내용을 파악하는 데 무리가 없습니다. 정확한 번역, 적절한 윤문으로 10대에서 80대까지 누구나 쉽게 읽을 수 있습니다. 콤팩트한 사이즈와 분량이므로 간편하게 휴대할 수 있습니다. 수천 쪽의 고전을 발췌된 내용으로 읽고도 전체 의미를 파악할 수 있는 것이 지식을만드는지식 원서발췌의 매직입니다. 발췌율은 표지에 표시하고 발췌 방법은 일러두기에 상세히 밝힙니다.
고전 독자를 발췌 읽기에서 완역 읽기로, 더 나아가 원전 읽기로 안내합니다. 바쁜 현대인들에게 새로운 고전읽기 방법을 제시합니다.

원서발췌
화랑세기 / 해동고승전

花郎世紀 / 海東高僧傳

김대문(金大問) · 각훈(覺訓) 지음
여성구 옮김

대한민국, 서울, 지식을만드는지식, 2026

편집자 일러두기

- 《화랑세기》와 《해동고승전》은 모두 원본이 남아 있지 않고, 필사본만 전해지고 있습니다.
- 이 책은 필사본 《화랑세기》에서 40%, 《해동고승전》에서 60% 정도를 발췌해 번역한 것입니다. 원문에서 잘못된 부분은 바로잡아 번역했고, 《화랑세기로 본 신라인 이야기》·《화랑세기－신라인의 신라 이야기》(이종욱), 《해동고승전 연구》(장휘옥)를 참조했습니다.
- 주석은 모두 옮긴이가 작성한 것입니다.
- [ ] 안의 내용은 원문에는 없지만 전후 문맥의 흐름을 매끄럽게 하거나 내용 이해를 돕기 위해 옮긴이가 덧붙인 내용입니다. 괄호 안의 한자나 한자어의 독음이 괄호 앞의 말과 다를 경우에도 사용했습니다.
- 이 책은 2012년 3월 12일 '천줄읽기' 시리즈로 처음 출간했습니다. 이번에 '원서발췌' 시리즈로 옮겨 출간합니다.

차례

화랑세기

해동고승전 권 제1 유통 1-1

해동고승전 권 제2 유통 1-2

화랑세기

화랑세기 서문

화랑은 선의 무리다. 우리나라에서는 옛날부터 신궁[1]을 받들어 하늘에 큰 제사를 지냈다. 이는 중국 연나라의 동산이나 노나라의 태산과도 같은 것이다. 옛날 연나라 부인이 선도(仙徒)를 좋아하여 미인들을 많이 양성했으며, 그 이름을 '국화(國花)'라고 했다. 이러한 풍습이 동쪽으로 흘러들어 우리나라에서도 여자로써 '원화(源花)'를 삼았는데, 지소 태후가 이를 폐지하고 화랑을 두어서 나라 사람들에게 받들게 했다. 이보다 먼저 법흥 대왕[2]이 위화

---

1) 신궁(神宮) : 《삼국사기》에는 소지왕 9년(487), 또는 지증왕대(500~514)에 시조 탄생지인 나을(奈乙)에 신궁을 설치했다는 기록이 두 곳에 나온다. 또한 신라 시조 박혁거세를 제사 지내던 사당은 별도로 마련되어 있었으므로 신라에는 시조묘와 신궁이 각각 다른 성격으로 존재했음을 알 수 있다. 그러나 이 책에서는 신궁에서 행례 · 공주례 등 여러 의례를 행하고, 법흥왕 등 여러 인물들의 신상이 있었으며, 신궁 봉사와 황신 등이 신궁의 일을 맡아보았다는 기록이 보인다. 혹은 김씨 왕들이 제각각 신궁을 가졌던 것으로 추정하기도 한다.

2) 법흥 대왕 : 왕위에 오르기 전의 이름은 원종이었다. 뒤의 《해동고승전》 〈법공〉 조 참조.

랑을 사랑하면서 그 이름을 화랑이라고 했다. 화랑이라는 이름은 이로부터 비롯되었다.

옛날에 선도들은 단지 신을 받드는 일을 주로 했는데, 국공[3]들이 차례로 이를 행한 후 선도들은 도의로써 서로 권하고 격려하여, 어진 재상과 충성스러운 신하가 이로부터 났고 훌륭한 장수와 용감한 병졸이 이로 말미암아 나왔으니, 화랑의 역사는 가히 몰라서는 안 될 것이다.

---

3) 국공(國公) : '나라의 공작', 혹은 '나라의 공자' 정도로 해석할 수 있다. 공작은 고려 시대 5등작(공 · 후 · 백 · 자 · 남)의 첫째 등급에 해당하는 작위였다. 신라에는 5등작 제도가 없었으므로 이는《화랑세기》를 위작으로 보는 하나의 근거가 되기도 했다. 1세 위화랑 조에 지증이 왕위에 오르기 전 부군으로 있을 때, 그의 아들 법흥이 국공으로 있었다고 한다.

제1세 위화랑(魏花郞)

위화랑은 염신공의 아들이다. 어머니는 벽아 부인이다. 어머니가 비처왕의 총애를 받아 마복자[4]가 되었다. 세상에는 이른바 마복 칠성이 있으니, 아시공은 아버지가 선모고, 어머니가 보혜다. 수지공은 아버지가 이흔, 어머니가 준명이다. 이등공은 아버지가 숙흔, 어머니가 홍수다. 태종공[5]은 아버지가 아진종, 어머니가 보옥 공주다. 비량공은 아버지가 비지, 어머니가 묘양이다. 융취공은 아버지가 덕지, 어머니가 가야국 융융 공주다. 혹은 말하기를, 법흥 대왕이 칠성의 우두머리라고도 하며, 위화랑은 어머니가 한미하기 때문에 들지 못했다고 한다. 《칠성록》과 《보혜기》에는 모두 이등공이 빠지고 위화랑이 실렸

4) 마복자(摩腹子) : 배를 맞춘 아들이라고 해석할 수 있다. 여기서는 비처왕과 육체관계를 가진 여인들이 다른 남자와 관계하여 낳은 아들을 말한다.

5) 태종공 : 512년 우산국(울릉도)을 정벌했던 이사부의 한자식 이름이다. 545년에는 진흥왕에게 국사를 편찬할 것을 제의해 《국사》가 편찬되었다. 562년 9월 대가야를 멸망시키는 데 큰 공을 세웠다.

는데, 어느 것이 옳은지 잘 알 수 없다.

공은 얼굴이 하얀 옥과 같고 입술이 붉은 연지를 바른 듯하며, 맑은 눈동자와 하얀 이를 지녀 말을 할 때면 상큼한 바람이 나오는 것 같았다. 벽아 부인이 날이(경북 영주)에 있을 적에 딸 하나를 낳았는데, 바로 비처왕(소지왕)의 비인 벽화 부인이다. 벽화 부인이 궁궐에 들어오자, 공은 동생으로서 [궁궐에] 출입하여 [왕의] 총애를 받았다. 그때 법흥 대왕은 부군의 아들로서 국공의 지위에 있었으나 [왕의] 총애가 [공에] 미치지 못했다. 아시공은 이에 대왕에게 몸을 낮추어 공에게 절을 하도록 권했다. 공은 이 일을 염신공에게 알렸다. 염신공이 말하기를, "국공께서 몸을 낮추어 너에게 절하는 것은 너를 신하로 삼고자 하는 것이다. 지금 왕은 늙고 국공은 큰 야망이 있으니, 너는 그분을 섬기도록 하라"고 했다. 공이 이에 찾아가 보고, 신하가 되어 섬기니 하는 일마다 모두 뜻이 맞았다. 법흥이 말하기를, "나의 등통[6]이다"라고 했다. 얼마 지나지 않아 과연 비처왕이 죽었다. 지증 대왕이 즉위하고 법흥을 태자로 삼았다.

---

6) 등통(鄧通) : 중국 한나라 문제의 총애를 받던 신하.

공은 [누이] 벽화 황후에게 태자를 잘 모시게 하여 딸을 낳으니 바로 삼엽 궁주다. 그때 태자비 보도 부인은 곧 비처왕의 딸인데 태자의 사랑을 받지 못했다. 보도의 동생 오도는 얼굴이 매우 아름다워 태자의 총애를 받았다. [오도는] 삼엽 궁주에게 아첨하여 공과 깊은 관계를 맺고 몰래 서로 정을 통했다. 그리하여 옥진 궁주를 낳았다. 태자는 이 사실을 알고 오도를 아시공에게 주고, 벽화를 비량공에게 주었다. 이에 정비인 보도 부인을 총애하고, 공을 물리쳐 멀리했다. 그러나 보도 부인은 공에게 은혜를 입었다고 생각하여 지증 대왕에게 청하여 천주(天柱)에 봉하고 제사를 주관하게 했다.

그러던 중 옥진 궁주가 궁궐에 들어가 [법흥 대왕의] 사랑을 받게 되면서 곧 다시 처음처럼 공을 총애하여, 마침내 이찬의 벼슬에 있게 되었다. 궁주가 총애를 독차지하게 되면서 법흥 대왕은 보도 부인으로 하여금 비구니가 되게 하고, 공을 신하로 삼았다. 그 뒤 지소 태후[법흥 · 보도의 딸]가 나랏일을 맡게 되자 화랑을 설치했는데, 공을 그 우두머리로 삼고 이름을 풍월주라고 했다.

지소 태후는 입종공의 부인이 되어 진흥 대왕을 낳았다. 그러나 법흥 대왕이 옥진 궁주를 사랑하여 [진흥을 태자로] 세울 뜻이 없었다. 지소 태후가 그것을 걱정하니 공이 옥진 궁주에게 큰 도리로써 깨우쳐주어 진흥을 세우게 하니, 당시 사람들이 의롭게 여기지 않음이 없었다. 이로써 사도 태후(진흥의 비)도 무사하니 공의 공덕이 컸다.

공의 자손은 매우 많았다. 장녀 옥진 궁주와 차녀 금진 부인은 오도 부인의 소생이다. 옥진 궁주는 처음에 영실공에게 시집을 갔으나, 얼마 되지 않아 법흥 대왕의 사랑을 받아 비대공을 낳았다. 법흥 대왕이 [비대공을] 태자로 삼으려고 했다. 공이 간하여 말하기를, "신의 딸은 골품에 들지도 못하고, 또 영실공과도 함께 살았으니 옳지 않을 것 같습니다"라고 했다. 법흥 대왕이 죽자, 지소 태후는 비대공을 왕자의 지위에서 내리고, 공이 맡은 제사 일을 받들게 했다.

공의 아들인 이화랑은 준실 부인의 소생이다. 부인은 수지공의 누이이며, 자비왕의 외손녀다. 얼굴이 아름답고, 글을 잘 썼다. 처음에 법흥 대왕의 후궁이 되었다가 자식을 낳지 못하자 공에게 시집을 가서 [이화랑을] 낳았다. 그 역시 얼굴이 예쁘고 글을 잘 써 지소 태후가 총애했다. 지소 태후의 딸 숙명 궁주가 그를 좋아해 도망가서 아들을 낳으니, 바로 원광 조사로서 우리나라의 성인이다. 원광 조사의 동생 보리 사문은 곧 나의 증조부다.

찬하여 말한다.

화랑의 시조요, 사문의 아버지,
청아의 손자요, 벽아의 아들이었네.
살아서는 국선이요, 죽어서는 부처였으니,
원만하게 늘 계시어 공덕에 모자람이 없었네.

제2세 미진부공(未珍夫公)

미진부공은 아시공의 아들이다. 어머니 삼엽 궁주는 법흥 대왕의 딸이며, 꿈에 흰 학을 보고 [공을] 낳았다고 한다. 공은 얼굴이 잘생기고 재능이 많아 대왕의 사랑을 받았으며, 비대공(법흥 · 옥진의 아들) 등과 함께 궁중에서 자랐다.

그 무렵 옥진 궁주는 [대왕의] 지극한 총애를 받고 있었다. 그런데 지소 태후(진흥의 어머니)가 [진골] 정통이 즉위하기 어렵다고 하자, 삼엽 궁주와 아시공이 그녀를 옹호했고, 이로써 태후는 궁주와 공을 좋아하게 되었다. [진흥이 왕위에 올라] 지소 태후가 정치를 맡자, 공을 가까운 신하로 삼았다. 그때 공의 나이가 16세였으나 [태후의] 뜻을 잘 맞추었다.

이에 앞서 삼산공의 딸 준정이 원화가 되어 많은 낭도를 두고 있었다. 그때 법흥 대왕의 딸 남모 공주는 백제 보과 공주의 소생으로, 또한 뛰어난 용모를 지니고 있었으며, 공과 서로 사랑하는 사이였다. 지소 태후도 공을 사랑했으므로 남모 공주를 도와 원화로 삼으려고 했다.

일찍이 법흥 대왕은 옥진 궁주의 전남편이었던 영실공

을 총애하며 높은 자리에 두고 원화를 없애도록 했다. 그러므로 준정은 그를 부지런히 섬겨 남모 공주가 원화가 되는 것을 막으려 했다. 지소 태후는 비록 대왕의 뜻에 따라 영실공을 둘째 남편으로 삼았지만 사실은 좋아하지 않았기 때문에, 공에게 명하여 준정의 원화를 없앴다. 태후는 또 [남모의] 낭도가 부족한 것을 걱정하여 위화랑의 낭도를 끌어들여 더하여 주었다.

준정은 이를 질투하여 마침내 [남모를] 술로 유인하여 물에서 죽였다. 남모 공주의 낭도들이 이 사실을 밝혀냈다. 지소 태후는 곧 원화 제도를 폐지하고, '선화(仙花)'를 화랑으로 삼아 그 무리를 '풍월'이라고 부르고, 그 우두머리를 '풍월주'라고 했다. 위화랑을 풍월주로 삼고, 공을 부제[7]로 삼았는데, 얼마 뒤 공이 풍월주가 되었다.

공은 남모 공주를 잃은 후 다시 아내를 맞지 않았다. 공은 [왕실의] 외손으로서 일찍이 궁중에서 법흥 대왕을 모시다가 후궁인 묘도 부인과 사사로이 정을 통하게 되었으나 감히 말을 하지 못했다. 지소 태후가 그 사실을 알고 허락했다. 공은 마침내 묘도 부인을 아내로 맞이하여 미실

---

7) 부제(副弟) : 풍월주를 바로 밑에서 도와주던 화랑으로 부풍월주라고 할 수 있다. 부제가 다음 대의 풍월주가 되었다.

낭주와 미생랑을 낳았다. 미실 낭주는 재주와 용모가 남보다 뛰어나 진흥 · 진평 대왕을 모시면서 특별한 총애를 받았다. 미생랑 또한 화랑에 들어갔다.

공은 지소 태후를 섬기면서 충성을 다했으나 총애가 엷어지자, 몸을 나라에 바치기를 원하여 낭도를 이끌고 전쟁에 나가 여러 차례 큰 공을 세웠다. 미실 낭주가 [진흥의] 총애를 얻자, 벼슬이 각간으로 승진되었고, 묘도 부인도 궁주가 되어 대원 신통을 이었으니, 아! 성대한 일이다.

찬하여 말한다.

미모로 임금을 섬기고 충성하기가 극진했으며,
용맹으로 나라를 받들고 또 공력을 다 바쳤네.
부인 묘도는 위화랑의 손녀,
부부 되어 미실과 미생을 낳았으니 하늘의 도리는
길고 길도다.

제3세 모랑(毛郎)

모랑은 남모 공주의 동생이다. 이에 앞서 법흥 대왕이 국공으로서 백제에 들어가 보과 공주와 은밀히 정을 통했다. 후에 보과 공주는 [백제에서] 나와 궁중에 들어와 살면서 남모와 모랑을 낳았다. 모두 얼굴이 아름다웠다.

미진부가 화랑이 되자, 모랑을 부제로 삼았다. 지소 태후의 총애를 받아 진흥 대왕 9년(548)에 태후의 명으로 3세 풍월주에 올라 남모 공주의 혼령을 위로했다. 위화랑은 자신의 딸 준화를 [그의] 아내로 삼게 했으니, 바로 이화랑의 누나다. [모랑이] 딸 준모 하나만 낳고 일찍 죽으니, 마침내 이화랑이 그 뒤를 이었다.

찬하여 말한다.
동성의 아름다운 화랑이요, 위화랑의 사위로다.
법흥 대왕의 아들로서 지소 태후도 좋아했네.

제4세 이화랑(二花郎)

이화랑은 위화랑의 아들이다. 살결이 마치 옥과 같이 부드럽고, 눈은 미소 짓는 꽃과 같았다. 음률과 문장을 잘 하여 12세에 능히 모랑공의 부제가 되었다.

그 무렵 황화 · 숙명 · 송화 등 공주들이 모두 공에게 글을 배웠다. 이로써 숙명 궁주와 정을 통하게 되었다. 당시에 지소 태후는 진흥 대왕의 총애를 독차지하기 위해 모든 일을 공주에게 받들게 했는데, 대왕은 포매[8]라고 하여 그다지 사랑하지 않았으며, 공주 또한 그러했다.

공주의 아버지는 태종공이다. 당시 상상[9]으로서 나라의 기둥이었다. 이 때문에 대왕은 공주를 소홀히 대할 수 없었다. 공주는 총애를 믿고 스스로 방탕했으며, 태자를 낳아 황후로 봉해지자, 더욱 꺼리는 것이 없었다. 대왕은 원래 사도 황후를 사랑하여 그 아들 동륜공을 태자로 삼고

---

8) 포매(胞妹) : 어머니는 같고 아버지가 다른 누이를 말한다.

9) 상상(上相) : 재상 가운데 제일 높은 재상을 말한다. 신라에는 귀족의 우두머리를 상대등, 혹은 상신(上臣)이라고 했는데, 이를 지칭한 것이 아닐까 한다.

자 했으나 뜻대로 되지 않았다.

이에 이르러 숙명 황후는 공과 더불어 정을 통함이 더욱 심해졌고, 여러 차례 대왕에게 들켰다. 대왕이 그녀를 폐하려고 했으나, 태후가 울며 말리므로 이룰 수 없었다. 대왕은 황후와 잠자리를 하지 않았는데, 황후가 임신을 하고 바로 공과 함께 도망쳐 나갔다. 여러 신하들은 태자가 대왕의 아들이 아니라고 의심하고는 이에 동륜공을 태자로 삼았다.

공은 비록 죄가 있으나 태후에게 총애를 받고 있었다. 또한 동륜공에게 하나의 행운을 가져다주었으므로 사도 황후는 대왕에게 권하여 [공을] 애써 보호해 주었으며, 이로써 태후의 마음을 편안하게 했다. 마침내 숙명 황후에게 허락하여 부부가 되게 했다. 이에 원광과 보리를 낳았으니, 또한 하늘의 뜻이 아니겠는가?

개국 5년(555) 모랑공이 비사벌(창녕)을 유람하다 병을 얻어 길에서 죽자, 낭도들이 공을 받들고자 했다. 당시 공은 태후의 총애를 받으며, 늘 궁중에 머물렀기 때문에 이를 사양하고자 했다. 낭도들이 말하기를, "위화랑의 아들이 오르지 않으면 누가 오르겠는가?"라고 했다. 태후가 곧 자리에 오르도록 명하여 4세 풍월주로 삼았다.

옥진 궁주의 여동생 금진 또한 위화공의 딸로서 법흥

대왕을 섬겼으나 아들이 없었다. 대왕이 죽자 문상(蚊上)에 물러나 살았다. 남모가 살해를 당했을 때, 낭도들이 그녀를 [원화로] 받들고자 했으나 태후가 허락하지 않았다. 구리지공과 몰래 정을 통하여 토함공을 낳았는데, 매우 섬세하고 재주가 있었다. 일찍부터 낭도의 명단에 들어갔으며, 이때에 이르러 받들어 부제로 삼았다. 태후가 궁중으로 불러 보고 말하기를, "이 아이는 비량공보다 못하지 않고, 아름다움이 벽화보다 낫구나. 인재 얻은 것을 축하할 만하다"라고 했다. 공 또한 토함공을 매우 사랑하여 함께 먹고 자고 했다.

토함공에게 동생 사다함공이 있었는데, 묘량공의 풍모를 크게 지녀 낭도들이 많이 따랐다. 그때 무관랑(武官郞)이 있었는데 그 또한 사람들의 신망을 얻어 개인적으로 많은 무리들을 거느렸다. 사다함공이 나이는 어리지만 의리를 좋아한다는 것을 듣고, 찾아가 만나보고 크게 기뻐하며 말하기를, "공자는 진실로 옛날의 신릉군과 맹상군[10]입니

10) 신릉군(信陵君)·맹상군(孟嘗君) : 신릉군은 중국 전국시대 때 위나라 소왕의 공자였다. 본명은 무기이며, 신릉군은 그의 봉호다. 그는 전쟁이 있을 때, 외아들은 고향으로 돌아가 부모를 봉양하게 했으며, 많은 선비들을 키웠다. 맹상군은 중국 제나라의 정승으로 많은 선비들

다. 섬기기를 원합니다"라고 했다. 사다함이 대답하기를, "제가 어찌 감히 그럴 수 있겠습니까?"라고 했다. 그래서 공에게 귀의했다.

공이 태후에게 아뢰기를, "토함의 동생 사다함은 나이가 아직 어린데도 스스로 낭도를 거느리고 있으니, 이는 이른바 국선[11]이 아니겠습니까?"라고 했다. 태후가 이에 궁중으로 불러 음식을 내리며, 사람을 끌어들이는 방도에 대하여 물었다. 사다함이 말하기를, "사람 사랑하기를 내 몸같이 하며, 그들의 좋은 점을 좋게 여길 뿐입니다"라고 했다. 태후는 그를 기특하게 여겨 대왕에게 말하여 귀당으로 삼아 궁궐의 문을 관장하게 했는데, 그 무리 1천 명이 충성을 다하지 않음이 없었다.

한편 비조공의 아들 문노 또한 호걸로서 검술(격검)을 잘했다. 공이 사다함에게 문노로부터 검술을 배우게 했

을 두었다고 한다. 이들은 많은 선비나 인재를 키웠다. 사다함이 많은 낭도를 거느리고 있는 모습을 보고 이들과 비유해 이야기한 것이다.

11) 국선(國仙) : 풍월주와 다른 계통의 화랑의 우두머리를 말한다. 풍월주와 국선은 경쟁 관계였던 것으로 보이며, 신문왕 원년(681) 흠돌의 반란을 계기로 풍월주를 우두머리로 하는 화랑도가 폐지되고, 국선을 우두머리로 하는 화랑도가 부활된 것으로 추정된다.

다. 문노가 말하기를, "검술은 한 사람을 대적하는 것인데 어찌 고귀한 사람이 알 필요가 있겠습니까?"라고 하자, 공이 대답하기를, "한 사람을 대적하지 못하면서 어찌 능히 만 사람을 대적할 수 있겠는가? 이 아이가 의협을 좋아하여 비록 그 무리가 많다고 하지만 적수가 없지 않을 것이니, 그대는 이 아이를 보호하라"라고 했다. 문노는 곧 그 무리 5백 명을 이끌고 그를 따르니 그 위세가 토함보다 성했다.

동륜공이 점차 장성하자, 대왕은 그를 도와서 이끌어줄 사람이 없는 것을 걱정하고, 토함으로 하여금 그를 보필하게 했다. 토함은 곧 화랑의 지위를 그 동생에게 넘겨주었다. 이에 [공은] 사다함을 부제로 삼고, 토함에게 하듯이 그를 사랑했다. 당시 사람들은 공이 인재를 얻은 것을 축하했다. 얼마 뒤 가야가 신라를 배반하자, 사다함이 나가 싸우기를 청하여 승리를 거두었다. 공은 곧 풍월주의 자리를 그에게 물려준 후, 토함공과 더불어 오로지 궁중의 일에 힘쓰며 태자를 보필했다. 아! 성대한 일이다. 공의 맑은 덕행과 빛나는 명예는 만세토록 끊이지 않을 것이다.

공이 숙명 공주와 함께 영흥사에서 나가 지내며 불도에 마음을 두니 태후도 이에 귀의했고, 정숙 태자 또한 머리를 깎고 계율을 받았다.

찬하여 말한다.
이화랑의 풍류는 계림의 맑은 이야기라,
훌륭한 가문의 후예로서 공주와 혼인했네.
금부처가 와서 의지하니 약사여래라,
화랑의 출신이며, 원광 법사의 어버이였네.
위엄 있는 가문이여 만세토록 무궁하리라.

제5세 사다함(斯多含)

사다함은 구리지(仇利知)의 아들이다. 처음에 비량공이 벽화 황후(비처왕비)를 연모하여 항상 그 뒷간에 갔다. 법흥 대왕은 비량공을 사랑하고 있었으므로 금하지 않았다. 과연 벽화 황후와 정을 통하여 아들을 낳았는데, 그런 까닭에 이름을 구리지라고 했다. 아름답기가 벽화 황후와 같고, 담력은 비량공에 비할 만했다. 점차 장성하여 낭도와 무예를 매우 좋아했다. 위화랑의 딸 금진 낭주와 정을 통하여 토함, 색달, 사다함을 낳았다.

나이 12세 때 검술을 잘했고, 사람들을 사랑했다. 16세 때 정병 5천 명을 거느리고 전단문(가야국 성문)으로 달려 들어가 흰 깃발을 세우고, 가야군을 크게 격파했다. 그 공적으로 땅을 받았는데, 부하들에게 나누어주었고, 사로잡은 포로들을 모두 풀어주어 일반 백성으로 만들었다. 대왕이 더욱 존중하여 알천 지역의 땅을 내려주었으나, 굳이 사양하며 받지 않다가 불모지 수 경(頃)을 골라 받으며 말하기를, "이 정도면 사람들을 부지런하게 만들기에 충분하다"라고 했다. 그 무렵 이화랑이 대왕의 총애를 많이 받으며 낭도에 관한 일을 게을리 하자, 이에 공을 5세 풍월주로 삼고 공의 동복동생인 설원랑을 부제로 삼으니 나이 13세였다.

공의 신하 무관랑은 공적이 많았으나 미천하여 보답을 받지 못하고 죽었다. 공은 애통해 했으며, 역시 여위고 병들어 세상을 떠나고 말았다. 공은 본래 미진부의 딸 미실을 좋아했고, 미실도 공을 좋아했다. 그러나 지소 태후가 세종에게 시집가기를 명했다. 이 때문에 끝까지 장가들지 않고 죽었다. 낭도들이 다시 이화랑을 [풍월주로] 세우기를 청하니, 이화랑이 말하기를, "세종 전군만 한 사람이 없다"라고 했다. 이에 세종을 세워 풍월주로 삼았다.

찬하여 말한다.
비량공이 남긴 기백, 위화랑의 후손이로다.
적을 친 공적 크나 스스로 불모지를 택했네.
저 청조산 속의 송백처럼 길이 푸르리라.

제6세 세종공(世宗公)

세종공은 태종공의 아들이다. 어머니는 지소 태후(진흥 대왕의 어머니)다.

단아하고 아름다운 풍채를 지녔다. 태후에게 효도하고 [진흥] 대왕에게 충성을 하니, 대왕 또한 지극히 그를 사랑하여 "나의 막내 동생이다"라고 말했다. [자신의 몸을] 조금도 단속하지 않았으나 타고난 성품이 지극히 뛰어나 실수함이 전혀 없었다.

태후가 고관들의 아름다운 딸들을 가려 궁중에 모이게 했다. 공이 미실 낭주를 가장 좋아하고 희롱하고자 하는 것을 본 태후는 크게 기뻐하며 미실에게 궁중으로 들어와 섬기도록 했다. 이보다 앞서 사다함이 출정할 때, 미실이 노래(풍랑가)를 지어 전송했다.

바람이 불되 임 앞에 불지 말고
물결이 치되 임 앞에 치지 말고
어서 어서 돌아오라 다시 만나 안고 보고
아아, 임이여! 잡은 손을 차마 뿌리치려오.

[전장에서] 돌아왔을 때는 이미 궁중에 들어가 [세종] 전군[12]의 부인이 되어 있었다. 사다함은 이에 〈청조가〉[13]를 짓고 슬퍼했다.

파랑새야 파랑새야 저 구름 위의 파랑새야
어찌하여 내 콩밭에 머무는가
파랑새야 파랑새야 내 콩밭의 파랑새야
어찌하여 다시 날아들어 구름 위로 가는가
이미 왔으면 가지 말지 또 갈 것을 왜 왔는가
부질없이 눈물짓게 하며 마음 아프고 여위어 죽게 하는가
나는 죽어 어떤 귀신 될까 나는 죽어 신병 되리
전주에게 날아들어 보호하는 수호신 되어
매일 아침저녁 전군 부부 보호하여
만 년 천 년 오래 살게 하리

죽음이 임박하자 이화랑이 그를 안고 슬퍼하며 말하기

12) 전군(殿君) : 왕과 후궁 사이에서 태어난 아들.

13) 《화랑세기》(이종욱 역, 소나무, 1999), 75~76쪽 참조.

를, "네 동생(설원랑)이 아직 어린데 네가 만일 일어나지 못한다면, 누가 잇겠는가?"라고 하니, 사다함이 대답하기를, "신의 누이동생 미실의 남편을 모랑공의 옛일에 의거하면 이 또한 가능하지 않겠습니까?"라고 했다.

이화랑이 곧 태후에게 아뢰어 [풍월주로] 세우기를 청했으나 태후는 받아들이지 않았다. 미실이 곧 세종에게 권하며 말하기를, "종형은 나를 사모하다가 죽었습니다. 죽음에 임해 한 말을 들어주지 않는다면 대장부가 아닙니다"라고 하니, 세종이 옳다고 여기고서 곧 태후를 설득해 허락을 받았다. 이에 6세 풍월주가 되었으며, 설화랑을 부제로 삼았다. 그날 밤 미실의 꿈에 사다함이 침실로 들어오며 말하기를, "내가 너와 더불어 부부가 되기를 원했으니, 너의 배를 빌어 태어날 것이다"라고 했다. 이에 하종을 낳았다.

그 무렵 동륜 태자가 이미 장성하여 태후는 만호 공주로서 그의 배필로 삼아 진골 정통[14]을 잇고자 했다. 사도

---

14) 진골 정통(眞骨正統) : 왕과 혼인을 하는 여자를 공급하는 계통으로 진골 정통과 대원 신통이 있다. 진골 정통은 신라 13대 미추왕이 소문국(경북 의성)의 운모 공주와 구도 사이에서 출생한 옥모의 계통이 아니면 황후로 삼지 말라고 한 기록에서 비롯되었다. 이로 인해 옥모는

황후는 대원 신통[15]을 잇게 하려고 했는데, [미실과] 은밀히 상의하며 말하기를, "내 아이는 좋은 아들이니 태자와 함께 서로 가까이하여 아들을 둔다면 마땅히 너를 황후로 삼을 것이다"라고 했다. 미실이 크게 기뻐하며 태자와 더불어 서로 정을 통해 임신을 했다. 대왕은 그것을 알지 못하고 미실에게 [궁중에] 들어와 시중들게 했다. 미실은 총애를 입어 황후궁 전주가 되었고, 사람을 시켜 세종에게 밖에서 전공을 세우도록 설득케 했다. 세종은 이에 싸움터에 나가기를 청했다.

미실은 대왕의 총애를 믿고 방탕했다. 설원랑 및 동생 미생랑과도 정을 통했다. 대왕은 이를 알지 못하고 원화로 삼도록 했으며, 2랑(설원랑과 미생랑)에게 낭도들을 거느리고 조회하게 했다. 대왕은 전주(미실)와 함께 남도(南桃)에서 조회를 받았다. 원화의 제도가 폐지된 지 29년

진골 정통의 시조가 되었으며, 지소 태후가 진골 정통의 우두머리가 되었다. 참고로 185년 소문국을 정벌한 구도는 미추왕의 아버지고 나물왕의 할아버지였다.

15) 대원 신통(大元神統) : 대원 신통은 보미를 시조로 했으며 진흥왕의 황후였던 사도 황후, 사도의 조카였던 미실 등이 대표적인 인물이다.

만에 다시 부활했고, 곧 연호를 고쳐 대창[16]이라 했다. 미실은 얼굴이 아름답고 교태가 넘쳐, 옥진 궁주의 기풍을 크게 지니고 있었다. 당시 사다함의 혼령이 항상 미실의 가슴에 있으면서 좋은 꾀를 준 것이라고 여겼다.

홍제 원년(572) 3월에 동륜 태자가 보명궁에서 사나운 개에게 물려 죽는 일이 벌어졌다. 대왕이 곧 태자의 시종들을 수색하니 미실의 낭도에 소속된 자들이 많았다. 미실은 죄를 얻을까 두려워 곧 원화를 사양했다. 대왕 역시 세종을 불쌍히 여겨 [다시] 불러들이고, 미실이 원화에서 물러나는 것을 허락했다. 이에 미실은 세종에게 권하여 풍월주의 자리를 설원랑에게 전하도록 했다.

그때 금륜 태자 또한 미실을 좋아하여 설원랑 · 미생랑 등과 함께 친교를 맺고, 신분을 떠난 친구가 되었다. 세종은 홀로 깨끗한 절개를 지켰고, 나가서는 장수가 되고 들어와서는 재상이 되었으며, 담담하고 사사로운 뜻이 없었다. 태후에게 효도하고 대왕 · 황후 · 태자에게 충성했으며, 미실에게 정조를 지켰으니 화랑 중의 화랑이었다.

---

16) 대창(大昌) : 진흥왕 29년(568)부터 31년(571)까지 사용한 연호. 이후 33년(572)부터 진평왕 6년(584)까지 '홍제'를 사용했다.

찬하여 말한다.

태후가 사삿집에서 낳은 아들이요, 정승의 사랑하
는 아들,
청아하고 높은 행실은 화랑의 모범이었네.

제7세 설화랑(薛花郞)

설화랑은 본래 이름은 설원랑이요, 금진 낭주(위화랑의 딸)가 사삿집에서 낳은 아들이다. 아버지 설성은 낭도로서 얼굴이 아름답고 애교를 잘 부려 구리지의 용양신[17]이 되었다가, 이내 낭주와 정을 통해 낳았다.

풍채가 아름답고 옥피리를 잘 불었으나 출신이 미천한 까닭에 낭도들은 그를 받들 뜻이 없었다. 그러나 미실이 대왕의 총애를 받고 낭도들을 호령하고 있었기 때문에 낭도들이 감히 말을 하지 못했다. 이에 [설원랑을] 7세 풍월주에 세우고 미생랑을 부제로 삼았다.

설원랑은 [신분이] 낮은 병사에게도 몸을 굽히고, 재물을 나누어 사람들을 도우니 낭도들이 모두 복종하면서도 오히려 미흡함이 있다고 생각했다. 미실은 이에 설원랑에게 모랑공(3세 풍월주)의 미망인 준화 낭주를 아내로 삼도

17) 용양신(龍陽臣) : 용양은 전국 시대 위왕의 총신인데, 남색(男色)으로 왕의 사랑을 받았다. 설성 외에 법흥왕 때의 영실공이 용양군이었다는 기록이 보인다. 용양신이 남색 관계에 있었다고 단정하기는 어렵다.

록 권했다. 그때 준화 낭주의 나이가 38세였다. 과부가 된 지 18년 만에 다시 화랑을 남편으로 맞아 마침내 아들 설웅을 낳았다. 이에 여러 낭도들이 축하하며 말하기를, "위화랑의 손자이니 다시는 복종하지 않을 사람이 없을 것이다"라고 했다. 설원랑은 곧 미실과 정을 통하고 더욱 꺼리는 바가 없었다. 준화 낭주는 이를 알고도 능히 금할 수 없었다.

한편 문노 일파는 세종을 따라 지방으로 나가 전공을 세웠는데도 지위를 얻지 못해 설원랑에게 복종하지 않고 스스로 한 문파를 세웠다. 이에 낭도들은 마침내 갈라지게 되었다. 설원랑파는 정통이 자신들에게 있다고 했고, 문노파는 맑은 의론이 자신 편에 있다며 서로 위아래를 주장하며 다투었다. 미실이 이를 근심하여 세종에게 화해를 하도록 했으나 뜻을 이루지 못했다.

곧이어 진흥 대왕이 죽었다. 미실이 비록 새 임금(진지 대왕)에게 총애를 받았지만 [총애가] 지도 부인(진지 대왕비)과 같지 않았다. 지도 부인의 아버지 기오공은 문노와 사촌 형제 사이였으므로, 지도 부인은 처음부터 문노에게 복종했다. 그리하여 진지 대왕에게 문노를 세워 국선으로 삼고, 비보랑을 부제로 삼도록 권했다.

문노의 낭도들은 무예를 좋아하고 의협심이 많았다.

설원랑의 낭도들은 향가를 잘하고 속세를 떠난 유람을 좋아했다. 그러므로 나라 사람들이 문노의 무리를 가리켜 호국선(護國仙)이라 부르고, 설원랑의 무리를 가리켜 운상인(雲上人)이라고 했다. 골품이 있는 사람은 설원랑의 무리를 많이 따랐고, 초야에 있는 사람은 문노의 무리를 많이 따랐다.

진지 대왕은 미실 때문에 왕위에 올랐으나 여색을 좋아하고 방탕했다. 사도 태후는 이를 걱정하여 미실과 더불어 그의 폐위를 의논했다. 이에 노리부공에게 이 일을 시행하도록 했는데, 바로 곧 태후의 오빠였다. [노리부공은] 미실의 남편 세종과 함께 장차 큰일을 도모하려 했으나 문노의 낭도들이 복종하지 않을 것을 두려워했다. 사도 태후의 명령으로 두 무리를 합쳐 하나로 만든 뒤, 다시 미실을 받들어 원화로 삼고, 세종을 상선(上仙)으로, 문노를 아선(亞仙)으로, 설원랑과 비보랑을 좌우 화랑으로, 미생랑을 전방 화랑으로 삼아 이를 진정시켰다. 이로써 문노의 낭도들 중 미천한 신분의 사람들이 높은 벼슬에 많이 발탁되었다. 초야에 있는 사람과 따르는 무리들이 이를 출세의 문으로 생각하여 문노를 마치 신처럼 받들었다.

미실은 이에 설원랑이 문노에 미치지 못함을 알고, 설원랑에게 명하여 문노를 섬기도록 했다. 설원랑의 낭도들이 많이 불평했으나, 설원랑이 말하기를, "총애해 주는 미실 궁주의 명령이니 거역할 수 없다"라고 하며, 곧 복종하고 문노를 섬겼다. 이로써 문노의 낭도 또한 설원랑에게 감복했다. 미실은 이를 기뻐하며 풍월주 자리를 문노에게 양보하게 했다.

문노가 말하기를, "국선이 풍월주보다 밑에 있지 않고, 또 그대는 나보다 어린데 어찌 스승으로서 동생을 받들 수 있겠소?"라고 하자, 설원랑은 "국선이 비록 전왕(진흥 대왕)이 세운 바이지만 풍월주의 전통이 아니요, 또 세종 전군도 왕자의 귀한 몸으로써 오히려 사다함공의 뒤를 이었습니다. 더구나 내가 형을 받들어 모시는 것은 미실 궁주의 명령입니다. 지금 미실 궁주가 자리를 양보하라고 명령했으므로 감히 어길 수 없습니다"라고 했다. 문노가 말하기를, "궁주의 명령이 있었다면 내가 어찌 감히 거역하겠는가?"라고 했다. 이에 그 자리를 잇고 말하기를, "선도의 맥으로는 내가 스승이요, 정통의 맥으로는 내가 동생이 되니 어떻게 처신하는 것이 마땅하겠습니까?"라고 물었다. 미실이 말하기를, "설원은 제가 총애하는 신하요, 또 정통 화랑의 형이 되니 어찌 절을 하지 않겠는가?"라고 했다. 이에 문노가 절을 하고 '신(臣)'이라고 했다. 미실이 설원랑에게 이르기를, "내가 너로 하여금 먼저 굽히게 한 까닭은 오늘과 같은 일이 있을 줄 알았기 때문이다"라고 했다. 설원랑이 절을 하고 감사해 하며 말하기를, "신의 머리털 하나, 살갗 하나도 총애하시는 미실 궁주의 것이 아닌 것이 없으니 또 다시 무슨 많은 말을 드리겠습니까?"라고 했다.

문노는 국선으로서 화랑의 우두머리가 되었기 때문에 선화[18]로 불렸다.

설원랑은 미실을 따라 영흥사에서 살았다. 후에 미륵선화라는 이름을 더했다. 처음부터 미실을 따른 사람은 설원랑이요, 처음부터 세종을 따른 사람은 문노였다. 성대하고 지극한 일이다.

찬하여 말한다.
미실 궁주의 신하요, 선화의 시초로다.
불문에 의지하여 그 아름다움을 더했네.
성대한 맑은 이름 역사에 길이 남고,
변함없는 충성으로 하늘의 복을 열었네.

---

18) 선화(仙花) : 국선 화랑이라는 뜻이다.

제8세 문노(文弩)

문노는 비조부공의 아들이다. 어머니는 가야국 문화공주이다. 어려서부터 검술을 잘했고 의로운 기개를 좋아했다. 가야가 배반하자, 사다함이 함께 가기를 청했다. 문노가 말하기를, "어머니의 아들로서 어찌 외조부의 백성을 괴롭히겠는가?"라고 하며, 끝내 함께하지 않았다. 나라 사람들 중 그를 비난하는 사람이 있었다. 사다함이 말하기를, "나의 스승은 의로운 사람이다"라고 했으며, 가야에 들어가서는 함부로 살인하지 않도록 주의를 주어 그의 뜻에 보답했다.

세종이 풍월주의 자리를 잇게 되자, 문노는 무리를 이끌고 그에게 귀속했다. 문노는 고구려와 백제를 치는 동안 여러 차례 전공을 세웠다. 그러나 어머니가 가야국 공주였기 때문에 세상에 드러나지 못함을 세종이 애석하게 여겼다. 그 뒤 진지 대왕이 폐위됨에 따라 그 공로를 인정받아 아찬의 벼슬에 오르고, 비로소 미실에게 총애를 받게 되어 국선 화랑의 지위를 얻었으며, 곧 8세 풍월주가 되었다.

문노는 용기를 좋아하고 문장에 능했으며, 아랫사람

사랑하기를 자기 몸처럼 했다. 맑고 더러움을 가리지 않았으며, 귀속하는 사람들을 모두 받아들여 명성을 크게 떨쳤다. 낭도들은 서로 격려하며 죽음으로써 공의 기풍을 본받기를 원했다. 이 때문에 화랑도에 기풍이 크게 일어났으며, 통일의 대업이 일찍이 문노공으로부터 싹트게 되었다. 공의 시대에 낭도의 제도가 찬연히 구비되었다.

3년간 재위하고 비보랑에게 물려주었다. 공은 오랫동안 장가를 가지 않았다. 국선이 되면서 윤궁 낭주를 받들어 내조자로 삼았다.[19] 윤궁은 황종공[20]의 딸이다. 일찍이 동륜 태자를 모시어 딸을 낳은 뒤 과부로 살아왔다. 미실 · 비보랑과는 사촌 간이었는데, 비보랑이 윤궁 낭주에게 공을 둘째 남편으로 삼도록 힘써 권했다. 3남 2녀를 두었으며, 공이 국선 화랑이 되는 데에는 윤궁 낭주의 내조가 많았다.

찬하여 말한다.

---

19) 국선의 아내를 선모(仙母)라 하고, 풍월주의 아내를 화주(花主)라고 했다.

20) 황종공 : 신라말로 거칠부를 뜻하며, 진흥왕 6년(545)에 《국사》를 편찬했다.

가야국 외손이며, 의로운 기운이 으뜸이었네.
국선으로 화랑이 되어 우리 국풍을 크게 떨쳤네.

제9세 비보랑(秘寶郞)

비보랑은 비대 전군의 아들이다. 어머니는 실보 낭주이니 곧 미진부공의 여동생이다. 설원랑과 같은 해에 태어나 함께 노래를 배웠으나 미칠 수 없었고, 피리를 배워도 또한 미치지 못했다. 이에 문노의 문하에 들어가 검술을 배워 마침내 최고의 제자가 되었다. 힘써 문노를 도와 국선 화랑이 되게 했다. 그 공으로 문노가 부제로 삼았는데, 이후에 9세 풍월주가 되었다.

문노가 만든 제도가 법도를 지키도록 힘썼으며, 미천한 사람을 발탁하고 약한 자를 구하는 데 힘썼다. 낭도들을 파견하여 변방을 지키는 병졸들을 위로했다. 그때 미생공이 설원공의 부제로서 그 자리에 오래 있지는 않았으나, 문노공이 자리를 양보하도록 명했다. 공이 풍월주에 있었던 기간 또한 3년이었다. 낭도들이 이를 애석하게 여겼다. 이때가 건복 2년(585) 봄 정월이었다.

공은 노리부공의 딸 세진 낭주를 아내로 취하여 아들 세호랑을 낳았다. 또 진흥 대왕의 딸 덕명 공주를 취하여 아들 다섯을 낳았는데 모두 귀하고 이름이 세상에 드러났다. 서자 유오랑은 공의 첩 유지가 낳은 자식이다. 일찍이 비보랑은 지명 법사를 따라 진나라에 들어가 많은 서적을 가지고 와서 후진 사문들의 길을 열어주었으니 그 공 또한 컸다.

찬하여 말한다.

법흥 대왕의 손자요, 진흥 대왕의 사위로다.

제10세 미생(美生)

미생은 미진부공의 아들이다. 어머니는 묘도 부인이다. 공의 손위 누이는 미실 궁주이며, 진흥 대왕에게 총애를 받았다. 공 또한 대왕의 총애를 입어 자주 불러 입궁케 하니 동륜 · 금륜 태자 등과 함께 토함공에게 배웠다.

미실이 공에게 사다함을 따르게 해서 낭도가 되니, 나이가 12세였다. 말에 오를 수도 없었다. 문노가 꾸짖으며 말하기를, "무릇 낭도가 말에 오르지 못하고 검을 사용하지 못하면, 하루아침에 일을 당한다면 어디에 쓸 것인가"라고 했다. 사다함이 용서를 빌며 말하기를, "이는 제가 사랑하는 사람의 동생입니다. 얼굴이 아름답고 춤을 잘 추어 또한 여러 사람을 위로할 수 있으니, 받아들일 수 있지 않겠습니까?"라고 하니 문노가 다시 따지지 않았다. 미생은 검술을 좋아하지 않았다. 속으로 문노를 꺼려 경의를 표하지 않았기에, 사다함이 곤란하여 어려워했다.

세종공이 [풍월주를] 대신하게 되자, 공을 전방 화랑으로 삼아 그 자리를 전하고자 했다. 그러나 미실 궁주가 설화랑을 총애하게 되자, 공에게 그를 섬기게 했다. 때가 되어 10세 풍월주가 되었는데, 공의 나이 이미 36세였다.

공이 웃으며 말하기를, "사다함공이 16세에 풍월주가 되자 천하가 이를 영예롭게 여겼습니다. 제가 13세에 전방 화랑이 되자, 천하가 또한 영예롭게 여겨 16세 전에 반드시 풍월주가 된다 했습니다. 어찌 36세에 된다고 할 수 있었겠습니까?"라고 하자, 미실이 말하기를, "내가 총애를 받을 때 네가 이와 같은데, 하물며 나에 대한 총애가 식으면 누가 하종을 위한 계책을 마련하겠느냐?"라고 했다. 이에 하종을 부제로 삼았다.

그때 낭도 사이에 아직도 쟁론이 있었다. 한쪽 부류는 귀천에 구애받지 않고 안팎에서 인재를 뽑아 등용해 국력을 강하게 하려는 자들로, 통합원류(統合元流)라 일컬었다. 대원 신통을 받들려 하는 자들은 미실 일파인데, 이것이 두 번째 부류다. 진골 정통인 자를 받들려고 하는 자들은 문노 일파인데, 이것이 세 번째 부류다. 그렇지만 문노 또한 세종에게 충성을 바쳤기 때문에 감히 하종과 다투지 않았다. 통합파는 하종이 재주가 없다 하고, 또한 미생공에게 복종하지 않았다. 또 한 파가 있어 정숙 태자[21]를 세

---

21) 정숙 태자(貞肅太子) : 진흥 대왕과 숙명 부인의 아들. 정숙은 만호와 혼인하여 딸 만룡을 낳았고, 만룡은 보리공과 혼인하여 예원공과 보룡을 낳았다.

우고 원광을 부제로 삼으려 하니, 이는 문노파와 통합파 중에서 섞인 자들로 이름을 이화류(二花流)라고 했다. 또 한 파는 천주공을 세우고 서현랑(김유신의 아버지)을 부제로 삼으려 하니, 통합파 중 가야파다.

공은 3년 동안 자리에 있었으나 의론이 일치하지 않아 상선[22]들이 걱정이 많았다. 이에 하종공에게 양위했다. 공은 부귀하게 나고 자라서 아랫사람의 마음을 몰랐다. 또 색을 좋아하고 재물을 탐한 까닭에 뭇사람의 신망이 크지 않았다. 비록 그렇지만 오랫동안 선문에 있었기에, 낭도가 그 문하에서 많이 나왔다. 그러므로 감히 배반하지 않았다.

공은 처첩이 많아 자식 100명을 두니 다 기록할 수가 없다. 건복 26년(609)에 세상을 떠나니 나이 60세였다.

찬하여 말한다.
옥진의 손자이며 대원 신통이라네.
아들이 백 명이고 낭도는 만 명,
풍족하고 부귀하니 아름다운 일생이었네.

---

22) 상선(上仙) : 풍월주를 물러난 사람들을 가리킨다.

제11세 하종(夏宗)

하종은 갑신년(564) 생이고 무신년(588)에 화랑이 되었다. 세종 전군의 아들이다. 공은 15세에 화랑에 들어가 역사를 토함공에게 배웠고, 노래는 이화공에게, 검술은 문노에게, 춤은 미생공에게 배워 모두 그 정수를 얻었다. 늘 선제의 총애를 생각해 매번 생일과 기일이면 낭도를 거느리고 능침에 나아가 눈물을 흘리니, 비록 바람이 불고 비가 내려도 그만두지 않았다.

어머니는 미실 궁주였기에 그 또한 대원 신통이었다. 문노파가 복종하지 않았기 때문에 이화공 아들인 보리공을 부제로 삼았다. 보리공의 어머니는 숙명 공주이니 그런 까닭에 진골 정통이었다. 주형(풍월주)과 부제가 다른 파인 까닭에 자연히 불화가 일어났다. 미실 궁주가 이를 근심했다. 이에 사도 태후의 조칙으로 낭도를 크게 모아 이화공과 세종공에게 화합시키도록 했으며, 불복하는 사람을 많이 등용해 진정시켰다. 이로써 가야파가 점차 다시 세력을 얻게 되어 서현랑을 전방 화랑으로 삼았다. 이로써 이화 · 미실 · 가야 3파가 단결한 것이다.

그때 궁중에는 3명의 태후가 섭정을 했다. 대왕은 어질고 효성스러워 명령을 순순히 따르니 낭도 중 승진을 좋아하는 자들은 태후궁에 많이 붙었다. 태상 태후인 사도 법주(진흥 대왕비 사도 부인)는 미실 궁주로서 법운을 삼았다. 그런 까닭에 정치의 명령이 미실궁에서 많이 나왔다. 그리고 법주의 딸 아양 공주는 곧 서현랑의 어머니였는데, 가야파의 햇빛이 되어 미실의 세력을 나누었다. 만호 태후는 대왕의 어머니였기에 더욱 주상의 총애가 있어서 진골 정통의 우두머리가 되었다. 지도 태후(진지 대왕비)는 태상 태후와 만호 태후 사이를 출입하며 문노정파를 도왔다. 그런 까닭에 비보랑이 지도 태후의 아들 용춘공을 추천하여 보리공을 대신하고자 했다. 그러나 만호 태후가 들어주지 않았다. 비록 자리를 얻지 못했으나 낭도들이 많이 귀속했다. 서현랑이 말하기를, "용춘공은 선대왕의 아들인데 내가 어찌 감히 대적할 수 있겠는가"라고 하고는 낭도들을 물리치고 그에게 넘겨주었다. 이에 가야파가 또한 용춘공에게 돌아갔다. 역시 대원 신통이었기에 미실파가 다투지 않았다. 낭도들이 모두 축하하며 말하기를, "좋은 사람을 얻었다"라고 했다. 보리공 또한 용춘공을 사랑하여 다른 무리를 규합하지 않기로 서약했다. 진골과 대원의 논쟁이 이에 비로소 완화되었다. 하종공이 비록 어머니에게 효도를 다 했으나 형세를 살펴서 따랐으니, 안으로는 그 논을 찬성했으나 밖으로는 감히 말하지 못했다.

그때 은륜 공주가 대왕의 총애를 잃었다. [공주는] 곧 태상 태후의 막내딸이다. 태상 태후가 대원 신통을 염려하여 공에게 그녀를 받들게 명하여 아들 효종을 낳았다. 공은 먼저 설원공의 딸 미모 낭주를 아내로 삼아 아들 모종을 낳았다. 효종의 손위 누이는 하희 · 월희이고, 모종의 손위 누이는 유모 · 영모였다.

공은 청렴, 근검하며 여색을 삼가고, 능히 아랫사람을 사랑하고 윗사람을 공경해 세종의 기풍을 크게 지녔다. 그런 까닭에 처음에는 복종하지 않다가 끝내 귀부했다.

3년간 재위하다 보리공에게 양보하며 말하기를, "앞선 풍월주들이 큰 성인이었는데도 오히려 3년간 재위했는데 내가 어찌 감히 오래 머물겠는가"라고 했다. 보리공이 말하기를, "풍월주 형은 미실 원화의 아들입니다. 어찌 뭇 화랑과 같은 예로 하겠습니까?"라고 했으나 공이 굳이 사양했다. 보리공이 이에 풍월주 자리에 올랐다.

보리공은 내 증조다. 일찍이 하종공을 칭찬하며 내 아버지에게 말하기를, "지금 세상에 이런 효자 · 충신은 없다"라고 했다. 대개 미실 궁주가 삼조(진흥 · 진지 · 진평 대왕)를 차례로 섬겼는데, 형제가 핏줄이 달라 움직이고자 하면 어려움이 많았다. 은륜 공주 또한 골(骨)을 믿고 방탕했으나 공은 한결같이 세종공이 미실을 대접하는 것처럼 하고 불문에 부쳤다. 태양 공주는 은륜의 형으로 공과 함께 가까이 살았는데 공을 유혹함이 심했다. 그러나 공은 한 번도 발을 들여놓지 않았다. 공의 청렴과 지킴이 이와 같았다고 한다.

찬하여 말한다.
맑게 삼가고 덕을 닦아 좋은 명성과 명예를 지켰네.
세종의 아들이고 미실의 소생이었네.

제12세 보리공(菩利公)

보리공은 이화공의 둘째 아들이다. 어머니는 숙명 공주이니 지소 태후의 딸이다. 공주가 꿈에 황색의 신령스러운 사슴을 보고 공을 낳았다. 나면서 빼어나게 영특했으며 큰 뜻을 지녔다. 자라면서 맏형인 원광 법사와 함께 힘써 배우기를 게을리 하지 않았다.

원광이 일찍이 가르쳐서 말하기를, "나는 부처가 되고 너는 신선이 되면 가히 우리나라를 평안하게 할 수 있을 것이다"라고 했다. 공은 이에 하종공 문하로 나아가 그 낭도에 소속되었다가 풍월주의 자리에 오르니, 곧 건복 8년(591) 춘정월 15일이었다.

만호 태후의 딸 만룡 낭주를 아내로 삼으니 나이가 13세였다. 앞서 태후는 공의 동복형인 정숙 태자를 사랑해 만룡을 낳았다. 태후는 미실의 딸 애함을 공에게 시집보내려 한다는 말을 듣고, 대원 신통이 진골 정통을 빼앗을까 걱정해 특별히 만룡을 주려 한 것이다. 만룡은 기뻐하며 아내가 되었다.

만룡의 형인 만명은 나이가 들었으나 혼인을 허락받지 못했는데 서현랑과 사사로이 정을 통했다. 만호 태후는 원래 아양과 사이가 좋지 않았다. 그런 이유로 만명을 가두고 서현랑을 만노(충북 진천군)로 내보냈다. 만명은 곧 탈출해 함께 도망했다. 태후가 장차 벌을 주려 했으나 공과 만룡이 힘써 태후의 노여움을 풀어주니 무사하게 되었다.

그때 공의 누나인 화명과 옥명은 모두 진평 대왕을 섬겨 총애를 받았다. 그러므로 조정에서는 공을 중요한 자리에 임명하고자 했다. 공은 나아가지 않고 말하기를, "우리 집은 화랑을 세습하는 것으로 충분합니다. 다시 무엇 때문에 관리가 되겠습니까"라고 했다.

공은 청렴결백하며 지조를 지켰으나 낭주는 태후의 사랑하는 딸이었기에 상으로 내려주는 물품이 매우 많았다. 그러므로 집안 살림을 하는데 몹시 사치스러웠다. 공이 낭주에게 이르기를, "내가 낭도의 우두머리로 어찌 홀로 부귀를 누리겠는가? 당신은 내 마음을 헤아려주기를 바라오"라고 했다.

낭주가 말하기를, "부부는 한 몸입니다. 낭군의 마음은 곧 첩의 마음입니다. 어찌 안 될 일이 있겠습니까?"라고 했다. 이에 그 재물을 모두 나누어주었다. 그 때문에 낭도들이 우러러보기를 부모와 같이 했다. 무릇 근심과 재난이 있는 사람이 있으면 공과 낭주는 함께 가서 위로하고

구호해 주었다.

낭주는 대왕의 누이라는 귀한 신분임에도 능히 지어미의 도리를 다했다. 공이 조금만 아파도 몸소 간호했으며 음식과 의복도 친히 조리하고 손질해 올렸는데 반드시 공의 취향에 맞았다. 그러므로 공이 감복하고 다른 여자를 거느리지 않으니 금슬이 비할 바 없이 좋았다.

늦게 한 아들과 한 딸을 낳았는데 아들은 예원이고, 딸은 보룡이니 곧 문무 황후의 어머니다. 3년간 풍월주 자리에 있다가 부제인 용춘공에게 전해주었다. 지위는 비록 상선이었으나 몸은 불문에 바쳐 만형(원광)을 도왔다. 만룡은 늘 같은 날 성불하고자 기도했는데, 과연 그 말과 같이 되었다. 공의 만년에 관한 일은《고승전》에 나온다.

찬하여 말한다.
보리 사문은 위화랑공의 손자라네,
덕은 만룡과 화합하고 은혜의 바다는 산과 같으니,
공덕은 불문에 높고 만세에 오직 존귀할 뿐이네.

제13세 용춘(竜春)

용춘은 금륜왕(진지 대왕)의 아들이다. 어머니는 지도 태후이며, 갈문왕 용수의 동생이다. 금륜왕이 음란함에 빠졌기 때문에 폐위되어 유궁에 갇힌 지 3년 만에 죽었다. 공이 어릴 때였으므로 그 얼굴을 기억하지 못했다. 태상 태후의 명령으로 지도 태후가 다시 새 임금(진평 대왕)을 모시게 되자, 공이 새 임금을 아버지라고 불렀다. 이 때문에 왕이 불쌍히 여겨 특별히 사랑하고 대우했다.

이미 장성하여 사실을 알고는 몹시 분하게 여겼다. 문노의 문하에 들어가 비보랑을 섬기며 형으로 삼았다. 이복동생 비형랑과 함께 낭도들을 모으기에 힘써 많은 무리들이 따르니 세 분파가 모두 추대하기를 원했다. 이 때문에 서현랑이 풍월주 자리를 양보하니 이에 이르러 13세 풍월주가 되었으며, 호림을 부제로 삼았다.

공은 곧 낭도들의 묵은 풍습을 혁신하여 인재를 뽑는데 골품에 구애받지 않으며 말하기를, "골품이라는 것은 왕의 지위와 신하의 지위를 구별하는 것이다. 낭도를 어찌 골품으로만 쓰겠는가? 공이 있는 사람에게 상을 주는 것은 떳떳한 법이다. 어찌 분파로써 하겠는가?"라고 했다.

무리들이 크게 기뻐하며 말하기를, "문노의 다스림이 다시 빛을 볼 수 있게 되었다"라고 했다.

그때 대왕은 정비에게서 낳은 아들이 없어 공의 형 용수 전군을 사위로 삼아 왕위를 전하려고 했다. 전군이 공에게 물으니, 공이 대답하기를, "대왕의 춘추가 한창 강성하여 왕위를 이을 아들이 생긴다면 불행할까 두렵습니다"라고 했다. 전군이 이에 사양했으나 마야 황후(진평 대왕비)가 들어주지 않고, 마침내 전군을 사위로 삼으니 곧 천명 공주(선덕 여왕의 언니)의 남편이다.

공은 일찍이 자신의 감정을 태만하게 한 적이 없었다. 이로써 공은 조정에 중책을 맡았으며, 이에 따라 풍월주의 자리를 호림에게 양보하게 되었다. 궁중에 들어가서는 요직을 맡으며, 대사 이하 낭도들 가운데 재주 있는 자들을 많이 등용했다. 이로써 낭도 가운데 등용된 자들이 공을 매우 존중하여 모두 죽음으로써 그 은혜를 갚고자 했다.

선덕 공주가 점차 자라며 용과 봉황의 뛰어난 자질과 태양과 같은 생김새를 지녀 왕위를 이을 만했다. 이때 마야 왕후가 이미 죽었는데, 그 뒤를 이을 만한 아들이 없었다. 그러므로 대왕은 공을 마음에 두고 [천명] 공주에게 그 지위를 양보하도록 권했다. 천명 공주도 효순하여 이를 양보하고 궁 밖으로 나갔다. 선덕 공주는 공이 자기를 도울 수 있는 사람이라고 여겨 자신의 신하가 되기를 청했다. 대왕도 공에게 명하여 받들게 했다. 선덕 공주는 총명하고 지혜가 있었으며 감정이 풍부했다. 공은 감당하지 못할 것을 알고 굳이 사양했지만 어쩔 수 없이 받들게 되었는데, 과연 자식을 두지 못하여 물러나기를 청했다. 대왕은 이에 용수공에게 명하여 모시게 했으나 역시 자식을 두지 못했다.

이때 승만 황후(진평 대왕의 둘째 부인)가 아들을 낳아 선덕의 지위를 대신하고자 했으나 [아들이] 일찍 죽었다. 승만 황후는 공의 형제를 시기했다. 공은 이에 궁궐 밖으로 나와 고구려 정벌에 나서서 큰 공을 이루어 각간에 봉해졌다. 용수 전군은 죽음에 임하여 부인과 아들을 공에게 부탁하니 그 아들이 곧 태종제다.

선덕 공주는 즉위하여 공을 남편으로 삼았으나, 공은 뒤를 이을 자식이 없다는 이유로 스스로 물러나기를 청했다. 공은 평소에 금륜왕이 여색에 빠져 폐위된 것을 애처롭게 여기는 등 여색을 좋아하는 성품이 아니었으며, 공주에게 아첨하는 마음이 없었다. 선덕은 정사를 을제공에게 맡기고, 공에게 물러나 살도록 허락했다. 공이 이에 천명 공주를 아내로 삼고 태종을 아들로 삼았다. 서자 5명과 서녀 18명이 모두 귀하게 되어 세상에 드러났고, 태종이 즉

위함에 이르러 갈문왕으로 추존되었으니 참으로 성대한 일이다. 성스러운 덕이 하늘과 같고, 땅과 같도다.

찬하여 말한다.
갈문왕의 덕은 일월과 아울러 밝고,
삼한의 업적이 이에 크게 이루어졌네.

제14세 호림(虎林)

호림은 복승의 아들이다. 어머니는 송화 공주로 지소 태후의 딸이다. 어떤 사람은 말하기를, "송화 공주가 사삿집에서 낳은 아들로서 그 아버지를 자세히 알 수 없다"라고 하며, 어떤 사람은 말하기를, "비보랑의 아들이다"라고 했다.

공은 용기와 담력이 있고 검술을 좋아했으며, 일찍이 문노의 문하에 들어갔다. 꾸밈이 없고 검소하게 지냈으며, 골품으로 자랑하지 않았다.

공의 큰누나 마야 부인은 그때 황후로서 [진평 대왕의] 총애를 받고 있었으므로 용춘공이 이에 부제로 발탁했다. 때가 되어 14세 풍월주가 되었으니, 곧 진골 정통이었다.

공은 마음가짐이 맑고 곧았으며, 여러 사람에게 재물을 나누어주었으므로 당시 사람들이 '탈의지장'[23]이라고

---

23) 탈의지장(脫衣地藏) : 옷을 벗은 지장보살이라는 뜻으로 당시 지장보살의 화신으로 불렸던 것이다. 지장보살은 지옥의 중생을 제도하는 보살로서 대원보살이라고도 한다. 한편 이 시기에 지장보살 신앙이 유행하지 않았다고 하여 《화랑세기》를 위작으로 평가하기도 한다.

불렀다. 공이 낭도들에게 이르기를, "선도와 불도는 하나의 도이니 화랑 또한 부처님을 알지 않으면 안 된다. 미륵선화(7세 풍월주 설원랑)와 보리 사문은 모두 우리 스승이시다"라고 하며, 곧 보리공에게 나아가 계율을 받았다. 이로 인하여 선도와 불도가 점차 서로 융화되었다.

공은 처음에 문노의 딸 현강 낭주에게 장가들었으나 일찍 세상을 떠나자, 다시 하종의 딸 유모 낭주에게 장가들었다. 그때 미실 궁주(하종의 어머니)의 나이가 이미 많았는데 낭주를 지극히 사랑하여 귀한 아들 보기를 원했다. 공에게 천부관음상을 만들어[24] 아들을 낳게 해달라고 빌도록 명했다. 이에 선종랑[25]을 낳으니 장성하여 율가[26]의 큰 성인이 되었다.

공은 더욱 불도를 숭상하여 풍월주의 자리를 유신공에게 양보하고, 스스로 '무림거사'라고 했으며, 조정의 일에

---

24) 관음보살상 천 개를 만든다는 것인지, 또는 관음보살의 다양한 모습 가운데 천 개의 손과 천 개의 눈을 가진 천수천안관음을 만들라고 한 것인지 분명하지 않다.

25) 선종랑(善宗郞) : 신라의 대국통을 지닌 자장(慈藏) 율사를 말한다. 자장이 당나라에서 가지고 온 불사리를 모신 통도사 금강계단은 승려가 되기 위해 계를 받는 곳이었다.

26) 율가(律家) : 계율을 강조하는 불교의 종파를 말한다.

간섭하지 않았다. 그러나 나라에 큰일이 있으면 반드시 그를 받들어 물어보곤 했다. 알천공·임종공·술종공·염장공·유신공·보종공 등과 더불어 칠성우(七星友)가 되었는데, 삼국통일의 과업이 이들로부터 비롯된 것이 많았으니, 참으로 성대하고 지극한 일이다.

찬하여 말한다.
태후의 손자이고, 진골의 후예라네,
복되게 불도와 선도에 들어가 공이 천추에 드리웠네.

제15세 유신공(庾信公)

유신공은 각간 서현의 아들이다. 어머니 만명 부인은 만호 태후가 사삿집에서 낳은 딸이다. 만명 부인의 아버지 숙흘종은 갈문왕 입종의 아들이다. 처음에 만명 부인이 서현과 부부가 되기 전에 정을 통해 임신을 했다. 만호 태후는 서현이 대원 신통이라 하여 이들의 혼인을 허락하지 않았다. 이에 만노(진천군)로 도망친 후 약 20개월 만에 낳았는데 꿈에 좋은 징조가 많았다. 진평 대왕은 여동생(만명)이 괴로움을 당하자 서현을 만노에 봉했다. 공이 이미 장성하여 천자의 생김새가 있어 보였다. 태후는 보고 싶어 하여 돌아올 것을 허락했는데, 만나보고는 기뻐하며 말하기를, "진짜 나의 손자다"라고 했다. 이로써 가야파가 마침내 받들게 되었다.

호림공의 부제 보종공은 공이 여러 사람들로부터 신망을 받고 있기 때문에 그 자리를 양보했다. 이때 공의 나이 15세였고, 큰 도량을 가지고 낭도들을 능히 다스렸다. 늘 낭도들에게 이르기를, "우리나라는 동해에 치우쳐 있어 삼한을 통합할 수 없다. 이것이 부끄럽다. 어찌 구차하게 골품과 낭도의 소속을 다투겠는가? 고구려와 백제가 평정

되면 곧 나라의 바깥 근심이 없어져 가히 부귀를 누릴 수 있을 것이다. 이것을 잊어서는 안 된다"라고 했다. 무리는 공에게 몸을 바치기를 원했다. 이에 지혜와 용기가 있는 낭도를 가려서 천하를 두루 돌아다니고 세속에 물들지 않은 덕망 있는 선비들과의 결속에 힘썼다. 중악에 들어가 노인에게서 비결을 받았으며, 신변에는 늘 신병이 호위했다. 돌아오자 호림공이 풍월주의 자리를 물려주겠다고 했다. 공은 사양하다가 어쩔 수 없이 15세 풍월주가 되었다. 태후가 하종공의 딸 영모를 아내로 삼도록 명하여 미실 궁주를 위로하려고 했다. 곧 건복 29년 임신년(612)이었다. 공이 취임하는 날 낭도들과 함께 병기를 만들고, 활쏘기와 말 타기를 훈련했다.

용춘공이 이에 자신의 개인적인 신하로서 [공을] 발탁했다. 용수공 또한 그 아들을 맡기니, 공은 크게 기뻐하며 말하기를, "우리 용수공의 아들은 삼한의 주인이다"라고 했다. 공이 춘추공에게 이르기를, "바야흐로 지금은 비록 왕자나 전군이라 하더라도 낭도가 없으면 위엄을 세울 수 없습니다"라고 했다. 춘추공은 이에 공의 누이 문희를 아내로 맞았고, 공의 부제가 되었다.

앞서 보종공이 풍월주에 오르지 못하고 공에게 양보했기 때문에 대원 신통파에서 불평하는 무리들이 많았다.

공은 이에 풍월주 자리를 보종공에게 물려주었다. 여러 나라를 순행하며 의지와 기개가 있는 사람들을 모아 삼한을 통합했다.

찬하여 말한다.
가야의 우두머리, 신국의 영웅.
삼한을 통합하고 나라를 바로 잡았네.
혁혁한 공명 일월과 함께 영원하리.

제16세 보종공(寶宗公)

보종공은 미실 궁주가 사사로이 낳은 아들이다. 홍제 8년(580)에 사도 태후가 직접 정사를 볼 적에 궁주는 옥새를 관장하는 일을 하며 정사당에서 문서를 보고 있었다. 낮잠이 들어 꿈을 꾸었는데, 흰 양이 품으로 들어오는 것을 보고, 길몽임을 알고 설원랑에게 명하여 침소에 들어와 자신을 모시게 했다. 그리하여 보종공을 낳았다. 공은 자라면서 그 모습이 설원랑을 닮아갔다. 궁주는 공이 막내 아들이기 때문에 매우 사랑했다. 하종공 또한 깊이 사랑했다. 공은 어려서는 황제(진평 대왕)를 아버지라고 불렀다. 그 뒤 장성해서는 설원랑에게 돌아갔으나, 황제는 공을 아들로 생각하여 상으로 주는 재물이 매우 많았다.

공은 성품이 청아하고, 문장을 좋아했다. 아픈 사람을 보면 슬퍼하고 불쌍히 여겨 마치 자신이 아픈 듯이 했다. 심지어 새와 짐승에 대해서도 또한 그러하여 일찍부터 벌레 하나, 풀 한 포기라도 좋고 나쁘며 이롭고 해롭다는 분별을 하지 않았다. 술과 여색을 좋아하지 않았으며, 늘 작은 당나귀를 타고 피리를 불며 시장을 다니니 사람들은 그를 가리켜 '진선공자(眞仙公子)'라고 불렀다. 호림공이 그를 사랑하여 부제로 삼았다.

미실 궁주는 윤궁의 딸 현강에게 공을 모시게 했다. 공은 그녀를 가까이한 적이 없었으며, 호림공을 불러 함께 지냈다. 호림공이 현강과 정을 통하여 딸 계림을 낳았다. 공은 현강을 호림공에게 양보하고 자신은 장가들지 않았다. 보명궁의 딸 양명 공주가 꾀를 내어 공을 유혹한 뒤 정을 통했는데, 보라 · 보량 두 딸을 낳고는 가까이하지 않았다.

공은 화랑이 되어 낭두를 '아저씨'라고 불렀으며, 염장공을 부제로 삼았는데 도리어 형처럼 섬겼다. 유신공을 엄한 아버지와 같이 두려워했다. 유신공이 웃으며 말하기를, "형은 어찌하여 아우를 두려워하십니까?"라고 했다. 공이 대답하기를, "공은 하늘의 해와 달이고, 저는 인간 세상의 작은 티끌이니, 어찌 감히 두려워하고 공경하지 않겠습니까?"라고 했다. 드디어 공이 지위를 양보했다.

미실 궁주가 일찍이 유신공에게 이르기를, "나의 아들은 어리석고 약하니 도와주기를 바란다"고 하니, 유신공이 대답하기를, "신이 실로 어리석습니다. 형은 비록 약하나 그 도는 큽니다. 걱정하지 마십시오"라고 했다. 미실 궁주가 죽자, 공은 스스로 따라 죽지 못한 것을 죄로 여기고 문을 굳게 닫고 혼자 지냈다. 궁주가 기술한 수기 7백 권을 베껴 집 안에 보관했다. 또 궁주의 생전의 모습을 그

려서 벽에 걸어두고 아침저녁으로 절했다.

상선의 모임에서 번번이 낮은 아랫자리에 앉아 오직 "예", "예" 할 뿐이었다. 비록 그렇지만 우주의 진정한 기운과 물고기와 새, 꽃과 나무가 끊임없이 생기는 이치를 깊이 살펴 정밀하게 통달하지 않은 것이 없었다. 유신공이 병이 나자, 공은 문득 몸소 치료하며 말하기를, "우리 공은 나라의 보배이니 나의 의술을 숨길 수 없다"라고 했다. 이로써 모두가 그에게 편작[27]의 의술이 있음을 알게 되었다. 나라에 큰일이 있으면 유신공은 반드시 공에게 물었다.

찬하여 말한다.

물고기와 새를 벗 삼아 하늘의 이치를 달관하니,
말 없이도 교화하고 꾸미지 않아도 아름다웠네.
적송[28]의 아들은 오직 공뿐이라네.

---

27) 편작(扁鵲) : 중국 전국 시대의 유명한 의사. 본명은 진월인(秦越人)이며, 장상군(長桑君)으로부터 의술을 배워 환자의 오장을 투시하는 경지에까지 이르렀다고 전한다. 중국의 의학서인 《황제내경》을 쉽게 풀이한 《난경》을 편찬했다.

28) 적송(赤松) : 중국 전설 속의 신선.

제17세 염장공(廉長公)

염장공은 천주공의 아들이다. 어머니는 지도 태후다. 그러므로 공은 용춘공과는 아버지가 다르고 어머니가 같은 아우가 된다.

염장공은 풍채가 좋고 말을 잘했으며, 무리를 잘 거느리고 윗사람을 받드는 재주가 있었다. 지도 태후는 염장공을 사랑하여 용춘공에게 부탁해 호림공에 귀속하게 했다. 이때 공의 나이가 14세로서 보종공보다 여섯 살이나 어렸으나, 빼어나고 뛰어난 재주가 엇비슷했다. 공은 보종공의 미모를 사랑하여 스스로 아우가 되기를 원했다. 보종공은 형으로 처신하지 않고 도리어 공을 형처럼 섬겼다.

호림공이 풍월주가 되자, 보종이 부제가 되었고, 공은 전방대 화랑이 되었다. 그의 나이 18세였다. 용기와 담력이 있어서 능히 무리들을 복종시킬 수 있었다. 얼마 뒤 보종이 유신에게 부제 자리를 양보하려고 했다. 그런데 공이 유독 이를 긍정하지 않고, 보종을 보호하려 하니 호림공이 난처해 했다. 미실 궁주가 이에 공을 불러 달랬다.

유신공이 풍월주가 되자, 보종을 좌방대 화랑으로 삼

고 공을 부제로 삼고자 했다. 공이 보종공을 힘써 밀어 부제가 되게 하고, 자신은 좌방대 화랑이 되었다. 보종은 일찍이 일을 본 적이 없었으니 공이 모두 대신 처리했다. 보종공이 풍월주가 되자, 공은 부제가 되었으나 실제 풍월주 노릇을 했다. 이때 나이 31세였는데, 무리의 덕망을 흡족하게 얻게 되자, 보종은 채 1년이 되지 않아 물려주려고 했다. 공은 웃으며 말하기를, "내가 실제 풍월주 노릇을 하고 있는데, 어찌 반드시 물려주려 하십니까?"라고 하자, 보종이 이에 그만두었다.

공은 부제로 6년, 풍월주로 6년을 있었기에 전후 11년 동안 실제로 화랑의 정치를 주관하고 세 낭파의 화합을 위해 힘썼다. 서로 간에 혼인도 주선하여 마침내 화합과 동호를 이루게 했다. 그러나 화랑 정권의 큰 흐름이 모두 가야파에게 돌아가고, 진골 · 대원파는 모두 그 안에서 없어지니 또한 하늘의 뜻이니 어찌 하겠는가?

유신공의 부제로서 춘추공을 부제로 삼아 그 자리를 넘겨주었다. 선덕 공주에게 몰래 붙어 칠숙의 난을 다스리고, 그 공으로 발탁되었다. 선덕이 즉위하자 들어가 조부[29]의 장관이 되어 사사로이 재물을 취했다. 당시 사람들은 공의 집을 가리켜 '수망택(水望宅)'이라고 했으니, 그 집으로 금이 들어가는 것이 마치 홍수처럼 보였음을 이르는 말이다. 세상에서는 공을 미생공에 견주었는데, 미생은 매우 사치했으나 공은 검약함으로써 제 몸을 단속했다.

찬하여 말한다.
몸소 검소하여 부유했고, 공에게 충성스러웠고,
칠성우와 교우하여 힘을 다해 찬동하니,
통일의 대업은 실로 공에게 힘입었네.

---

29) 조부(調府) : 공물을 담당하는 관청.

제18세 춘추공(春秋公)

춘추공은 우리 무열 대왕이다. 대왕의 얼굴은 흰 옥과 같았고, 온화한 말씨로 말을 잘했다. 큰 뜻을 지니고 있었으며, 말수가 적었으며, 행동에는 법도가 있었다. 유신공이 큰 그릇으로 여기고 받들어 풍월주로 모시고자 했으나, 겸손하게 사양하고 부제가 되었다. 유신공이 물러났으나 보종과 염장이 건재했던 까닭에 사양하고 기다렸다. 때가 이르러 풍월주에 오르니 그의 나이 24세였다. 유신공의 여동생 문희를 화주(花主)로 삼아 장자 법민을 낳았으니, 그가 바로 문무제다.

이보다 앞서 문희의 언니 보희가 꿈에 서악에 올라갔는데, 큰물이 서울에 가득 차는 것을 보고 불길하다고 여겼다. 문희가 비단 치마와 꿈을 바꾸었다. 그로부터 10일 뒤 유신공이 공과 더불어 집 앞에서 축국(蹴鞠)을 했는데, 곧 정월 오기일(15일)이었다. 유신공이 고의로 공의 치마 옷섶의 옷고름을 찢어놓았다. 들어가서 꿰매기를 청하니 공이 뒤따라 들어갔다. 유신공이 보희에게 명을 내렸으나 몸이 아파서 할 수 없다고 했다. 문희가 이에 앞으로 나아가서 바느질을 하게 되었다. 유신공은 그 자리를 피하고 보지 않았다. 공은 이에 사랑을 했다. 1년 남짓 지나서 임신을 하게 되었다.

그때 공의 정궁 부인인 보랑 궁주는 바로 보종공의 딸이었다. 아름다웠으며 공과 몹시 잘 어울렸는데, 딸 고타소를 낳았다. 너무나 사랑하여 감히 문희를 받아들이지 못하고 비밀로 했다.

유신공은 이에 뜰에 땔나무를 쌓아 올리고 막 누이동생을 불사르려고 하면서 임신을 시킨 주인이 누구냐고 물었다. 불을 붙이자 연기가 하늘로 올라갔다. 이때 공은 선덕 공주를 따라 남산에서 노닐고 있었다. 공주가 연기에 대하여 물으니 좌우에서 고했다. 공주가 말하기를, "네가 한 일인데 어찌 가서 구하지 않느냐?"라고 했다. 공은 이에 구해주고, 포석사에서 길례를 행했다. 얼마 뒤 보랑 궁주가 아이를 낳다가 죽자, 문희가 뒤를 이어서 정궁에 올랐다.

풍월주로 있은 지 4년 만에 부제 흠순공에게 지위를 전하니 곧 유신공의 동생이다. 왕의 대업은 역사책에 들어 있으므로 여기에서는 기록하지 않는다.

찬하여 말한다.

세상을 구제할 영주이며, 영웅호걸의 임금,

한 번 천하를 바로 잡으니 덕이 사방을 덮었네.
나아가면 태양과 같고, 바라보면 구름과 같았네.

제19세 흠순공(欽純公)

흠순공은 유신의 아우다. 처음에 염장공의 부제가 되었다가 유신공의 명령에 따라 춘추공에게 양보했으며, 때가 이르러 풍월주가 되었다.

공은 재위 4년 동안 한 번도 화랑의 행정을 다스리지 않고, 낭도를 이끌고 밖으로 돌아다녔다. 부제 예원공이 화랑의 행정을 대행했다. 공은 이에 예원공에게 물려주며 말하기를, "실제로 행정을 보는 사람이 풍월주가 될 수 있다"라고 했다. 공은 성품이 활달하여 맑고 더러움에 구애되지 않았다.

공은 18세에 전방 화랑이 되어 상선을 두루 찾아가 인사를 드렸다. 나의 보리공 할아버지를 찾았을 때 예원공의 이복누이 보단 낭주는 바야흐로 16세였고, 예원공은 9세였다. 공이 정자 위에서 보리공 할아버지를 뵙고 있을 때, 보단 낭주는 예원공을 데리고 정자 아래 연못가에 있었다. 그윽한 아름다움은 마치 신선과 같았다. 며칠 뒤 공은 다시 보리공 할아버지를 찾아뵙고 사위가 될 것을 청했다. 보리공 할아버지는 보단을 공에게 시집보냈다.

보단 낭주는 보리공 할아버지의 풍모를 간직하고 있고

재색이 뛰어났으며, 맑은 덕을 찬연히 갖추었으므로 공이 무척 좋아했다. 낭주는 아들 일곱을 낳았다. 모두 영특하고 용감하고 현명했다. 공이 늘 화살과 돌(전쟁)을 무릅쓰고 집 밖에 있는 일이 많았으나, 낭주는 원망하지 않고 집에서 기도했으며, 돌아오는 날이면 온 집안이 떠들며 좋아했다.

공이 젊어서부터 술을 좋아하여 낭주는 직접 술을 빚어 다락 위에 두고 드렸다. 하루는 공이 술을 찾자 낭주가 다락 위로 올라갔다가 내려오지 않았다. 공이 괴상하게 생각하고 다락에 올라가니, 큰 뱀이 술항아리에 들어가 취해 있고, 낭주는 놀라 쓰러져서 일어나지 못하고 있었다. 공이 이에 낭주를 업고 내려왔다. 마침내 다시는 술을 마시지 않았다.

보리공 할아버지가 이를 듣고 낭주의 동생 이단을 다시 공에게 시집보내 세 딸과 두 아들을 낳았다. 자매가 한 지아비를 섬겼으나 시기하고 질투하는 기색이 없었다. 공은 집에 있으면 오직 좋은 아비가 되어 두 낭주와 자녀들과 노는 것이 마치 어린애와 같았다. 어느 누가 삼한의 위대한 영웅호걸인 것을 알았겠는가? 전쟁에 임하면 초목이 모두 떨었고, 집 문을 들어서면 닭과 개조차 모두 가벼이 본다고 한 것은 공을 두고 한 말이다.

공은 재물에는 어두워 늘 염장공에게 구했다. 공이 이에 여러 아들들에게 염장공의 딸을 아내로 삼게 하자 딸들이 재물을 나누어 시집오게 되었다. 공의 셋째 아들만이 홀로 유신공의 딸 영광에게 장가들어 아들 영윤을 낳았는데, 그가 바로 반굴공이다. 이들 부자가 마침내 전쟁에서 죽으니 아름다운 명성 백세에 남을 것이다. 넷째 아들 원수와 여섯째 아들 원선은 모두 중시(집사부[30]의 장관)가 되었으며, 모두 보단이 낳았다. 아홉째 아들 원훈도 중시가 되었는데 이단 낭주가 낳았다.

흠순공은 여러 번 큰 싸움을 경험했으나 일찍이 패한 적이 없었으며 군사와 졸병들을 어린아이처럼 사랑했다. 조정에서는 공을 나라의 세 가지 보물 가운데 하나로 여겼다. 문무제 20년(680) 2월에 보단 낭주와 함께 하늘나라로 갔다. 나이가 83세였고, 보단 낭주는 두 살이 적었다. 자손이 백여 명이었고, 조문객이 만여 명이었으니 어찌 흠향하지 않겠는가?

---

30) 집사부 : 국가 기밀과 정무를 맡아보던 최고의 행정 관아. 진덕여왕 5년(651)에 품주를 고친 것으로, 흥덕왕 4년(829)에 다시 집사성으로 고쳤다. 조직 체계는 장관인 중시(시중), 차관급인 시랑, 실무자를 관리하는 대사, 실무자인 사지, 하급 실무자인 사로 구성되어 있었다.

찬하여 말한다.

유신의 동생이고 보리의 사위,

하늘을 흔드는 큰 공은 좋은 짝에서 비롯되었네.

오직 공의 덕은 만세에 이르리.

제20세 예원공(禮元公)

예원공은 보리공의 아들이다. 흠순을 좇아 화랑이 되었으며, 염장공이 풍월주일 때 흠순공은 부제로서 공을 전방 화랑으로 삼았다. 성품이 단아하고 온화하며 자상했고, 자신을 굽혀 다른 사람보다 낮추었다. 도로써 자신을 다스리니 낭도들이 축하하여 말하기를, "두 화랑의 후손이시다"라고 했다. 흠순공을 섬김에 같은 배에서 난 형처럼 하여 서로 어긋남이 조금도 없었다.

흠순공이 풍월주가 되자 부제로서 화랑의 행정을 대신하면서 잘못된 정치를 많이 개혁했다. 가야파의 옳지 않은 자들이 진골 정통을 부흥하는 정책이라 하여 비난했다. 공이 스스로 물려나려 하자, 흠순공이 노하여 그 무리를 내쫓았다. 이에 진골 정통의 옛 낭두들을 많이 진출시켜 등용했다.

만룡 낭주는 평소에 미실의 딸 난야 궁주와 잘 지냈다. 그녀의 딸 우야 공주는 진평제의 소생인데, 만룡은 공에게 아내로 맞을 것을 명했다. 공 또한 그 아름다움을 사랑했다. 서로 화합한 것이 마치 아교나 옻으로 붙여놓은 것 같아서 첩을 두려 하지 않았다. 그러나 염장공이 그의 딸을 첩으로 삼아주기를 너무 원했으므로 서로 사이가 나빠질 까 걱정했다. 만룡 낭주도 취하기를 권했고, 우야 공주 또한 권했다. 공은 부득이하여 염장공의 딸 찰기를 취하여 첩으로 삼았다.

공의 부제 선품공 또한 미실 궁주의 딸 보화 공주가 낳았다. 보화는 난야와 어머니가 같고, 우야와 더불어 아버지(진평제)가 같다. 그러므로 진평제가 공을 사랑함이 남달리 깊었다. 공은 선품공보다 두 살이 많았으며 뜻이 서로 맞아 마침내 형제가 되었다. 은혜를 베풀고 사랑함이 날로 두터워져 문득 끌어들여 화제(花弟)로 삼아 거취를 같이했다. 선품공이 대원 신통파가 되는 까닭에 낭도 가운데 간언하는 자가 있었다. 그러나 공이 정색을 하고 물리쳤다. 공이 풍월주가 된 뒤에는 이끌어서 부제로 삼았다.

그때 가야파인 진주공이 오랫동안 좌방대 화랑으로 있었으나 풍월주가 되지 못했다. 그러므로 어떤 사람은 그에게 물려주도록 권하자, 공이 웃으며 말하기를, "진주는 나의 형이다. 어찌 형에게 동생에게 하는 것처럼 물려줄 수 있겠는가"라고 했다. 진주는 이에 화랑을 물러나 병부(兵部)에 들어갔다.

공이 선품공과 더불어 서로 정사를 펼치며 세 낭파를

고루 등용하여 많은 사람들을 크게 흡족하게 했다. 선도(仙道)는 보종공을 좇았고, 무도(武道)는 유신공을 따랐다. 3년간 풍월주에 있다가 선품공에게 물려주고, 예부로 들어가고, 또 조부로 옮겼다. 선덕 대왕이 공을 총애하고 발탁하여 내성 사신으로 삼았다. 대왕이 죽자 물러나 지내면서 참된 기운을 길렀다.

그때 춘추공이 장차 당나라로 들어가게 됨에 따라 문장을 잘하고 풍채가 좋은 사람을 뽑게 되었다. 흠순공이 말하기를, "우리 예원이 아니면 누가 그것을 감당할 수 있으리오?"라고 했다. 춘추공이 크게 기뻐하고 선발했다.

당나라에 도착하자 많은 사람들은 공이 원광의 조카로서 문장을 잘한다고 존중했다. 당나라 재상이 묻기를, "너희 나라에서 연호를 세우고 황제를 칭한 것은 언제부터인가?"라고 하자, 공이 답하기를, "멀리 상고부터였다. 먼저 온 사신이 법흥 대왕부터 시작되었다고 대답한 것은 단지 문자 사용을 말한 것이다"라고 했다. 돌아오는 도중에 적병이 있는 곳을 지날 때 온군해[31]로 하여금 기신[32]의 계

31) 648년 김춘추 일행이 당나라에서 돌아올 때, 고구려 군사에게 포위되었다. 그때 온군해가 김춘추를 피신시키고 자신은 김춘추로 가장하여 결국 살해되었다. 대아찬에 추증되었다.

략을 쓰게 하여 벗어났다. 그 공으로 벼슬이 올랐다.

공은 여러 번 요직에 머물렀으며 품계가 이찬에 이르렀다. 문무제 13년(673)에 집사부 대등으로 있으며 관청에서 죽었다. 그때 나이 67세였다. 문무제가 가슴 아파하고 상대등의 예로써 장례를 치르게 했다. 오호라! 성인은 진실로 오래 살 수 없는가? 공의 덕으로도 최상의 수명을 얻지 못하니 안타깝도다.

찬하여 말한다.

국선 화랑의 우두머리요, 문장이 뛰어났네.

청빈하고 훌륭한 덕을 나라를 위해 다 바쳤네.

신선을 묻고자 한다면 공이 아니면 누구며,

성현을 묻고자 한다면 공이 아니면 누구겠는가.

---

32) 기신(紀信) : 한나라 고조의 충신. 한 고조가 형양에서 항우에게 포위되었을 때 고조가 항우에게 강화를 요청했다. 그러나 항우가 이를 받아들이지 않고 공격했다. 이에 기신이 왕의 옷을 입고 왕의 수레를 타고 나가 거짓으로 항복했다. 고조는 이 틈을 타서 성 밖으로 탈출하여 위기를 모면했다. 속은 것을 안 항우는 기신을 불에 태워 죽였다.

제21세 선품공(善品公)

선품공은 구륜공의 아들이다. 예원공을 좇아서 화랑에 들어갔다. 용모가 매우 잘생겼고, 언행이 지극히 아름다웠다. 문장을 좋아하고, 선도와 불도에 통달했으니, 진실로 높은 골품의 인물이었다. 예원공이 누이 보룡을 아내로 삼게 하고, 그 지위를 전했다. 공은 풍월주로 4년간 있으며 한결같이 예원공의 제도를 따랐다. 부제 양도공에게 물려주고, 예원공을 따라서 내성에 들어갔다가 이윽고 예부에 올랐다. 인평 10년(643)에 명을 받들어 사신으로 당나라에 들어갔다가 병을 얻어 돌아와서 곧 죽으니 나이가 36세였다. 왕이 마음 아파하고 아찬의 벼슬을 내려주었다. 뒤에 공의 딸 자의가 문무제의 황후로 되자, 파진찬에 올려주었다.

공의 둘째 딸인 운명은 예원공의 아들 오기에게 시집갔고, 셋째 딸 야명 또한 문무제를 섬겨 궁주가 되었다. 외아들 순원은 귀하고 훌륭하게 되었다.

찬하여 말한다.

보화의 아들이고 진흥 대왕의 손자라네.

녹이 있으나 받지 않아 복이 자손에 미쳤네.

제22세 양도공(良圖公)

양도공은 모종공의 아들이다. 선품공보다 한 살이 적다. 처음에 염장공을 좇아서 화랑이 되었는데 나이 겨우 12세였으나 상하의 예절을 알았다. 흠순공 때에 이르러 명에 의해 예원공에게 속하게 되었다.

선품공이 풍월주가 되자, 예원공의 명에 따라 부제가 되었으며, 선품공을 섬김에 힘을 다해 받들고 순종했다. 풍월주가 되자 전횡을 많이 하여 당시 사람들이 칭찬하지 않았다.

공은 성품이 남을 잘 섬기고 일의 추이에 밝았으며, 불도를 숭상하기를 좋아하고 공명을 귀중히 여겼다. 늘 비분강개하여 천하를 말하니 마치 한 시대의 영웅과 같았다. 부모를 지극한 효성으로 섬겼다. 어머니 양명 공주는 진평 대제의 딸이다. 진평 대제는 공의 총명함을 사랑하여 늘 궁 안으로 불러 많은 재물을 내려주었다. 공은 한 번도 기꺼이 취하지 않았다. 번번이 공주에게 바쳐 동기들과 더불어 똑같이 나누었다.

양명 공주는 처음에 미실 궁주를 위하여 그 아들 보종공에게 시집가서 딸 보량을 낳았고, 부제 염장공과 정을 통하여 아들 장명을 낳았다. 이때 보종공의 조카 모종공은 바로 하종공의 아들로서, 준수하고 아름다우며 재주가 있어 보종공은 자식처럼 사랑했다. 문장과 화법을 가르쳤는데 공주 또한 함께 배웠다. 공주는 마침내 [모종공과] 더불어 정을 통한 뒤 공을 낳았다. 모종공은 공주보다 다섯 살이 어렸는데, 공주가 매우 사랑하여 '제공(弟公)'이라고 불렀다.

공은 어려서부터 뛰어나게 총명했다. 일곱 살이 되자 힘써 그림을 그렸다. 군사의 진영을 잘 그렸는데, 군대와 무기가 매우 정밀했다. 그러므로 일을 도모함에 매우 주도면밀하여 드디어 나라를 지키는 장군이 되었다.

공주는 보종공을 남편으로 삼고, 염장과 모종 두 공을 자신의 신하로 삼았다. 그러한 까닭에 공은 늘 모종공을 '숙공(叔公)'이라고 불렀으나 점차 자라면서 친아버지가 됨을 알고 더욱 공경하고 효도를 다했으며, 일찍 알아서 효도하지 못함을 한스러워했다.

한편 누이 보량이 장성함에 따라 진평제의 후궁으로 들어가 총애를 받고 전군 보로를 낳았다. 승만 황후가 이를 질투하고 물러나 살기를 명하여 장차 종신에게 시집가게 되었다. 보량이 본래 공을 사랑하여 다른 데로 시집가기를 원하지 않았다. 공주가 이에 진평제에게 청하여 말하기를, "만약 보량을 양도와 짝지어 준다면 보종공의 혈육을 얻을 수 있을 것입니다"라고 하자, 진평제가 허락했고, 보종공 또한 그것을 원했다. 공은 본래 동기간에 서로 결합하는 풍습을 싫어하여 받아들이지 않았다. 보량은 그 때문에 병이 생겼다. 공주가 화를 내고 질책했다. 어쩔 수 없게 된 공이 보량을 아내로 삼아 아들 양효를 낳았다.

공이 풍월주가 되자 보량은 스스로 아름다움이 다했다고 여기고, 능보를 뽑아서 화주로 삼으려고 했다. 능보는 본래 보량의 몸종이었다. 그러나 공은 허락하지 않았다. 보량은 이에 화주의 지위에 올라 공과 더불어 축하를 받았다. 이때 공의 나이 28세였고, 보량의 나이 33세였다. 공은 화랑의 행정을 보량에게 많이 맡기고 스스로 큰일을 맡았다. 알지 못하는 자들은 화주가 행정을 잡았다고 생각하지만 공이 실제로 큰 정치를 결정했다.

풍월주가 된 후 처음에 낭두(郎頭) 7급을 개정하여 9급으로 만들었다. 나라 초기에 서민의 자식 가운데 준수한 자가 낭문에 나아가서 화랑도가 되었다. 13~14세에 동도(童徒)가 되고, 18~19세에 평도(平徒)가 되고, 23~24세에 대도(大徒)가 되었다. 대도 가운데 촉망을 받는 자를 망두(望頭)라고 했다. 공적과 재주가 있는 자를 천거하여 신두(臣頭)로 삼았다. 신두는 낭두가 될 수 없었고, 오직 망두만이 낭두가 되었다. 대도가 서른 살이 되면 병부에 속하거나, 혹은 농사나 공업에 종사하는 일로 돌아가거나 마을의 어른이 되었다.

입망(入望)의 법에는 상선(上仙)과 상랑(上郞)의 마복자가 아니면 낭두가 될 수 없었다. 그러므로 낭두의 아내가 임신을 하면 산 꿩을 예물로 하여 선문에 들어가 탕비(湯婢)가 되어, 여러 날 혹은 여러 달 동안 사랑을 얻으면 물러갔다. 물러날 때에 남편은 재물을 모두 내놓고 예를 갖추어 맞이하니 이를 '사함(謝函)'이라고 했다. 자식을 낳고 석 달이 지난 뒤 다시 들어가는데, 양이나 돼지를 예물로 했으며, 이를 '세함(洗函)'이라고 했다. 여러 날 혹은 여러 달 동안에 사랑을 얻으면 물러나고, 그 남편이 또 사함을 만들어 그를 맞이하는 것이다. 이 때문에 낭두가 자식을 많이 낳으면 곧 재산이 기울게 되었다. 경박한 여자는 선문에서 놀고자 임신했다고 속이고 탕비가 되기도 했다. 임신하지 못할까 염려하여 선문의 노예나 병졸들과 사통하거나 간혹 선문의 종자를 얻어서 돌아가니, 폐단이 매우 심했다.

공이 비로소 입망의 법을 개혁하여 인재를 취하고 사함의 풍습을 금지하니, 낭도들이 크게 기뻐했다. 처음에 낭두에는 낭두 · 대낭두 · 낭두별장 · 상두 · 대두 · 도두의 등급이 있었다. 공이 그 위에 대도두 · 대노두를 더했다. 도두 아래에 각각 별장을 두어 그 벼슬길을 넓히고 지위를 높였다.

낭두의 딸은 모두 선문에 들어갔으니 이를 '봉화(奉花)'라고 했다. 상선이나 상랑의 사랑을 얻지 못하면 시집을 갈 수 없었다. 그러한 까닭에 다투어 청례(靑禮)를 하기 위하여 아양을 떨었다. 총애를 받은 자는 '봉로화(奉露花)'라고 하고, 자식을 낳은 자는 '봉옥화(奉玉花)'라고 했다. 봉옥화나 봉로화가 아니면 낭두에 새로 오른 자들이 처로 삼지 않았는데, 대개 아내로 인해 귀하게 되었기 때문이다. 봉화가 청례를 하지 못하면 선문에서 늙어 노예나 병졸들에게 떨어졌다. 공은 이에 청례와 봉옥화, 봉로화의 폐단을 금지했다. 서민의 딸들로 준수하고 아름다운 자들은 낭문에 속하게 하여 유화(遊花)가 되었고, 30세가 되기 전에는 시골집으로 돌아갈 수 없었다. 공이 또한 그 폐단을 바로 잡으니 향리에서 크게 기뻐했다.

비록 그러하나 선문의 완고하고 미혹된 자들은 공이 전횡한다고 여겨 좋아하지 않았다. 염장공이 걱정하여 공에게 너무 서두르지 말라고 주의를 주었다.

양도공은 풍월주 자리를 부제 군관에게 양보하여 말하기를, "자네는 성품이 장엄하고 무게가 있고 자제할 줄 아니 나보다 낫도다"라고 했다. 공이 지위에 있던 4년 동안 옛 폐단을 개혁한 것이 매우 많았는데, 어찌 공적이 없다고 말할 수 있겠는가? 다만 공은 사랑하고 미워함이 매우 치우쳐, 마음속으로 화가 나면 죽을 때까지 받아들이지 않았다. 그러므로 아랫사람들이 마음을 놓을 수 없었다.

공이 풍월주에 오를 때 문충 · 선제 등이 모두 부제의 자리를 다투었다. 공은 오직 염장공의 아들 윤장을 끌어들여 부제로 삼았다. 윤장의 나이가 어리고 경박하여 총애를 믿고 여러 번 법도를 어겼다. 이에 염장공이 명하여 폐했다.

문충 · 선제 · 천진 · 하장 등이 부제를 다투었으나, 공은 홀로 군관을 끌어들여 부제로 삼았다. 여러 상선(上仙)들이 대부분 허락하지 않았다. 공이 명을 받들지 않고 말하기를, "보현 궁주의 대를 이은 자손이 부제가 될 수 없다면, 누가 될 수 있습니까?"라고 했다. 이에 그의 첩 천운을 군관의 아내로 삼게 하여 뜻을 굳혔다.

비록 그러했지만 군관은 침착하고 중후했으며, 큰 지혜가 있어서 위아래로 사람들을 복종시켰다. 이로써 군관은 공을 하늘처럼 받들었고, 출입함에 반드시 서로 의지했다. 군관은 용맹하여 잘 싸워서 공의 공훈과 업적이 군관의 손에서 많이 나왔다.

당나라에 사신으로 갈 때였다. 도중에 점치는 사람을

만나 점을 쳤는데 곧 말하기를, "두 공은 모두 장군과 재상의 운이 있다. 다만 제명에 죽지 못한다"라고 하자, 양도공이 크게 웃으면서 말하기를, "대장부는 말가죽에 시신을 싸야지, 아녀자의 손에 죽지 않는 것이 진실로 당연하다"라고 했다. 공은 과연 당나라의 옥에서 죽었다. 군관은 점술이 신통한 것에 소심해져서 조마조마하다가 마침내 흠돌의 일에 연루되어 죽게 되었다. 아, 성하고 쇠하고, 막히고 통하는 것이 또한 운명이었던가!

공에게 7명의 아들과 여러 명의 딸이 있었고, 서자·서녀가 각각 10여 명이었다. 군관 또한 공의 누이 2명에게 장가들어 자식 18명을 두었는데 흠돌의 옥사에 많이 연루되었다. 공의 아내 보량은 공이 전사한 것으로 잘못 듣고 칼을 품고 죽었다. 공의 세 아들과 두 딸은 모두 절의 노비가 되었다.

찬하여 말한다.

미실의 후예이고, 진평제의 손자,
나라를 위한 간성이 되어 공은 하늘과 땅을 덮었네.
어려움에 처하면 몸을 던져, 만리타향에서 죽으니
큰 인물에게 줄 상이 없어 천지를 줄 수 있을 뿐이라네.

제23세 군관공(軍官公)

군관공은 동란공의 아들이다. 어머니는 석명 공주이니 진지제의 딸이다. 양도공보다 세 살이 어렸으나, 넉넉하고 원만하며 덕이 있어 지소 태후를 닮은 모습이 있었다. 15세에 활을 잘 쏘고 힘이 세서 당할 자가 없었다. 병서 읽기를 좋아하니, 사람들은 모두 그 그릇이 다를 것이라고 여겼다. 석명이 말하기를, "내가 해마를 꿈꾸고서 이 아들을 낳았다. 반드시 우리 집안의 천리마가 되리라"라고 했다.

공은 어려서부터 양도공이 노는 곳을 좇아다니기를 좋아했다. 석명은 일찍이 진평제의 후궁으로 있을 때, 양명과 함께 지내면서 삼생의 형제가 되자고 약속했다. 아들을 낳으면 서로의 아들로 하자고 했다. 이에 이르러 석명이 양명에게 말하기를, "우리 자매의 마음을 이 아들이 통하게 했구나"라고 하고는 곧 공에게 양도공과 더불어 삼생의 형제가 되기를 약속하라고 명했다. 양도공의 지위가 높아지면 반드시 공을 자기가 있던 자리에 이끌어 앉혔다.

이때 윤장(염장공의 아들) 또한 양도공의 사랑하는 아

우로서 공과 더불어 나란히 세웠다. 공은 스스로 기세를 감당할 수 없다는 것을 알고 일마다 윤장에게 양보했다. 윤장이 공과 같은 나이로 단지 한 달이 앞섰으나 공이 형처럼 섬겼다. 윤장은 여색을 좋아하고 재물을 탐하는 성품을 지녔으며, 종녀나 유화와 간음하는 일이 많았다. 양도공은 이에 공을 이끌어 부제로 삼고, 보량과 함께 화랑의 행정을 다스리도록 명령했다. 공은 신중하게 일을 처리하며, 한결같이 양도공의 마음 쓰는 법도를 따랐다.

공의 성품은 여색과 술 마시기를 좋아하지 않아 사람들이 그 사생활을 엿볼 수가 없었다. 보량이 늘 공에게 이르기를, "군관은 참으로 우리 부부의 신하로다"라고 했다.

보량이 공을 데리고 와서 [선덕제에게] 보여주었다. 선덕제가 공에게 묻기를, "사람들이 말하기를 네가 아름답다고 하는데 무슨 방술이 있는가?"라고 하자, 공은 대답하기를, "신의 아름다움은 외모에 있지 않고, 다만 마음 안에 있습니다"라고 하자, 제가 묻기를, "네 마음 안에 어떤 아름다움이 있는가?"라고 했다. 공이 대답하기를, "신은 보량 부부를 위해 죽기를 원하고, 보량 부부는 폐하를 위해 죽기를 원합니다. 이른바 아름다움이란 다만 이것일 뿐입니다"라고 했다. 선덕제가 선량함을 칭찬하고 음식을 내려주고는 보량을 돌아보며 이르기를, "너에게 있는 한 아이가 나의 열 아이보다 낫다. 잘 기르기를 바란다"라고 했다.

처음에 염장공의 누이 천장 낭주가 수품공에게 시집가서 딸 천운을 낳았는데, 경국의 미색이었다. 천운의 동생 천광도 미색에 재주가 많아 양도공의 신임을 받는 신하가 되었다. 양도공은 마음속으로 천운을 사모하여 스스로 천장 낭주에게 청하여 첩으로 삼았으며, 몹시 사랑하여 잠시도 그 곁을 떠나지 않았다. 보량이 그것을 염려하여 처첩 제도에 대해 간언하니, 양도공이 이에 천운을 공에게 아내 삼도록 했다. 공이 사양했으나 어쩔 수 없었다. 천광을 공에게 귀속시켰다. 공이 풍월주에 나아가니 양도공은 천광을 부제로 삼도록 명했다. 공은 어쩔 수 없이 천광을 부제로 삼았다.

공은 풍월주로 있던 4년 동안 오로지 명을 받드는 것을 위주로 하여 한결같이 양도공의 옛 정치를 따랐으니, 낭두를 쫓아내고 승진시킬 때 조금도 변화가 없이 부드럽게 지나갔다. 그러나 양도공의 정치가 모두 보량으로부터 나왔으니, 천운이 비록 화주로 있었지만 실제로는 빈 그릇만 끼고 있었던 것이다. 불평하는 낭도들이 노래를 지어 비난했다.

"보량의 문 안에는 사람들이 구름 같고, 천운의 집 위에는 흰 구름이 지나간다."

천광이 매양 보량의 사사로운 행실과 낭두들의 불평하는 모습을 말하자, 누나 천운이 꾸짖어 말하기를, "네가 감히 은혜로운 주군의 흠을 말할 수 있느냐?"라고 했다. 공이 천천히 위로하며 말하기를, "네 누나의 견해와 나의 견해가 서로 같다. 오래지 않아 네가 마땅히 풍월주가 되면 네 마음대로 하겠지만 우리 부부의 흠을 보지 않는 것이 좋을 것이다"라고 했다. 천광은 감히 한 가지 일도 더 이상 말하지 못했다.

공은 장엄하고 정중하며 큰 뜻이 있어 작은 일에 얽매이지 않았다. 화를 내면 우뢰와 천둥이 일어나는 듯했으나 마음은 실로 부드럽고 아름다우며 온후하여 부인을 울릴 정도였다. 부부가 지극히 화기애애하여 역대의 풍월주가 모두 낭두의 아내와 딸을 거느렸지만, 오직 공만은 한 명의 여자도 사랑하지 않았다. 당시 사람들이 그것을 풍자해 말하기를, "천운은 높고 높아 인간의 비를 만들기 어렵도다"라고 했다. 비록 그러하나 공은 양도공과 더불어 모두 궁궐에 들어가서 선덕제를 모셔 높은 벼슬을 받았다. 아는 자들이 이를 단점으로 여겼다.

찬하여 말한다.

보현의 후예이며, 금륜의 후손이라.

한결같이 양도공을 의지하여 생사도 같이 했네.

혁혁한 공적이 하루아침에 원한을 머금으니,

오호라, 하늘이시여! 이 무슨 업근이런가.

제24세 천광공(天光公)

천광공은 수품공의 아들이다. 얼굴이 아름다운 꽃과 같고, 교태는 마치 부인과 같았다. 말이 편안하고 거동은 단아했다. 비록 그러하나 내면에는 의협의 기개가 있어서 강한 자를 누르고 약한 자를 도와주었으며, 과단하게 자신의 의지를 실행하여 상선이라도 동요되지 않았다.

공은 나이 14세에 흠순공 풍월주 아래 들어가 화랑이 되었다. 양도공이 보고 기뻐했으며, 정이 마치 부부와 같았다. 자신의 아래에 소속시키고 총애하는 신하로 삼았다. 이 때문에 양도공은 여러 번 공의 집에 가서 자게 되었다. 공의 어머니 천장 낭주는 바로 염장공의 누이였다. 공의 누나 천운과 더불어 양도공을 맞이하여 밤을 새워 이야기하며 날이 밝는 줄도 모르게 즐거워한 적이 여러 번이었다. 천운이 마침내 양도공에게 시집가니, 양도공이 염장공에게 은혜를 갚고자 하여 군관공에게 명하여 공을 부제로 삼게 되었다. 공이 부제가 되자 양도공은 공에게 명하여 춘화의 여동생 윤화에게 장가들어 아내로 삼도록 했으며, 때가 이르러 화주가 되었다.

처음에 윤장의 아우 하장이 공과 더불어 부제를 다투

었으나 얻지 못했다. 양도공이 공에게 하장의 아우 춘장을 부제로 삼도록 명하니, 곧 윤화의 형이다. 윤화의 어머니 하희는 하종공의 딸이고, 그 어머니 은륜 공주는 바로 사도 태후의 딸이다. 이 때문에 은륜 공주는 개인 재산이 많았다. 윤화가 그것을 얻어서 공에게 시집가니 위급한 사람에게 쓰기에 넉넉했다.

염장공 이후부터 화랑의 정치가 가야파에게 많이 돌아가고, 진골 정통과 대원 신통에는 출세하지 못한 자가 많았다. 공이 몹시 분개하여 발탁한 것이다. 양도공과 군관공 때에는 낭두들이 염장공의 마복자를 많이 등용했다. 이에 이르러 공이 많이 쫓아내고 말하기를, "낭두는 화랑 행정의 중요한 자다. 어찌 우리 노인만 홀로 중하고, 낭정은 중요하지 않다는 말인가?"라고 했다.

이때 가야파의 낭두 찰인이 나이 60세를 넘었으나 오히려 대노두에 있었고, 처첩과 자녀들이 백 명을 헤아렸으며, 출입하고 행동함이 완전히 상선과 같았다. 공은 본래 찰인을 싫어했다. 이에 이르러 우선 그를 쫓아내고, 진골 정통파의 옛 낭두 만덕을 대도두로 삼고, [대원 신통파의] 당보를 대노두로 삼았다. 그러므로 가야파가 크게 놀라서 상선에게 다투어 나아가 보호해 줄 것을 요구했다.

공은 우뚝 서서 들어주지 않고, 새로이 규범을 정했다.

대노두(大老頭)의 한계는 60세, 대도두(大都頭)의 한계는 55세, 도두의 한계는 50세, 대두(大頭)와 상두(上頭)의 한계는 45세, 낭두와 대낭두의 한계는 40세로 하고, 별장은 각각 그 지위에 따르게 했다. 인원은 세 파를 고루 쓰며, 치우치거나 사사로움에 이르지 않도록 했고, 망두(望頭)는 재주와 기량을 따지고 마복자를 논하지 않도록 했다. 새로 진출하는 자에게 문호를 크게 열어주니 사람들의 마음이 크게 흡족했다.

이때 나랏일이 점점 어려워지자, 공은 여러 낭두들을 이끌고 직접 활쏘기와 말 타기를 익혔으며, 모인 자를 뽑아서 병부에 보충했다. 공이 풍월주에 있던 5년 동안 화랑의 행정이 군사의 일에 치우쳤다. 선덕제의 병이 몹시 위독해지자, 비운과 염종이 반역을 꾀했다. 유신공이 새 풍월주를 받들어 전투를 독려했다. 이때 서울의 군사가 적었는데 공이 낭도를 다 모아서 먼저 그 진영으로 돌격하니, 비담이 패하여 달아나고 난이 평정되었다. 공은 이 공훈 때문에 발탁되어 호성 장군이 되었다.

이윽고 풍월주의 지위를 부제 춘장에게 전하고, 오로지 나랏일에 힘썼다. 나가서는 장수요, 들어서는 재상이 되어 많은 공적이 있었으니, 나라를 부흥시킨 28명의 장군 가운데 한 명이 되었다. 가히 공경할 만하지 않은가?

공은 성품이 외유내강하고 사리를 밝게 살폈다. 군사와 백성을 사랑하고 불쌍히 여겨 옷을 벗어주기도 했다. 술을 좋아하되 많이 마시지 않았으며, 여색을 좋아하되 관계가 난잡하지 않았다.

윤화 낭주는 7명의 자녀를 낳았다. 공의 첩은 모두 5명이었다. 찰인이 비록 그 지위를 잃었으나, 딸을 공에게 바쳤다. 공이 지극히 공정하고 사사로움이 없음을 알고 있었기 때문이었다. 자손들을 타일러 말하기를, "새 풍월주는 진실로 세상에 드문 영웅이다. 우리들이 어찌 감히 한때의 잃음 때문에 원망을 마음속에 두겠는가? 기뻐할 바는 이 좋은 상선을 얻어서 우리 외손들을 심는다면, 우리 친족이 또한 창성하게 될 것이다"라고 했다. 이로써 세 낭파가 화합하고 서로 혼인하니 모두 공의 덕을 칭송했다. 공경하지 않을 수 있겠는가?

찬하여 말한다.

대원파의 출신으로 가야파에 들어가
세 화랑을 도와 나라를 안정시키니
오직 공의 맑은 덕, 만세토록 빛나리.

제25세 춘장공(春長公)

춘장공은 염장공의 셋째 아들이다. 공의 성품은 너그럽고 인자하며 덕을 좋아했다. 윗사람을 받드는 데 정성이 지극했으며, 자기 뜻대로 일을 행하지 않았다. 천광공의 여동생 천봉 낭주에게 장가들어 화주로 삼았다. 화랑 행정을 함에 한결같이 천광공의 명에 의지하여 행했다. 천광공의 명에 따라 찰두를 천거하여 대도두로 삼고, 만덕을 대노두로 삼았다. 가야파의 세력이 점차 다시 창성하게 되었다. 부제 진공은 천광공의 사랑하는 첩 진속의 동생이다.

공은 화랑 행정을 진공과 찰두에게 맡기고, 날마다 천봉 낭주와 더불어 술을 마시며 날을 보냈다. 그러나 공은 집에서 지낼 때에는 근면하고 검소함으로 자제들을 훈계했다. 늘 낭주와 더불어 낭두의 아내와 딸들을 감독하고, 군복을 만들어 싸움터로 떠나는 낭도들에게 보내기도 했다. 남몰래 도성과 시골로 다니며 가난하고 궁핍한 자를 구휼하니, 사람들의 신망이 크게 돌아왔다.

풍월주에 있은 지 6년 만에 진공에게 전하고, 창부(倉部)에 발탁되어 들어갔다. 얼마 뒤 집사부로 옮겼는데, 그 일이 잘 맞았다. 여러 번 승진하여 중시가 되었다. 공은 늘 스스로 겸손하게 말하기를, "나와 같은 자는 행운아라고 할 만하다. 한 가지 재능도 없는데 다만 아버지와 형과 상선의 음덕에 의지했을 뿐이다"라고 하며, 일찍이 공적을 스스로 내세운 적이 없었다.

공은 일찍이 보종공의 청결함을 사모하고 덕을 세우는 표준으로 삼아, 여가가 있으면 반드시 화주(아내)와 함께 몸소 그 사당에 나가 절하고 기도한 뒤에 돌아왔다. 보량을 섬김에는 어머니를 섬기는 것처럼 했으며, 부탁한 것은 들어주지 않은 것이 없었다. 보량이 이에 그의 딸 양시를 공에게 주어 첩으로 삼게 하니 다른 여색을 취함이 없었다. 공의 행실 또한 선문의 사표가 될 만하니 공경하지 않을 수 있겠는가?

찬하여 말한다.
천주의 후예로 이 같은 성인이 있다.
마음가짐이 깨끗하고 어질었다.
내조의 두 가지 아름다운 복록이 날로 새롭네.

제26세 진공(眞功)

진공은 사린공의 아들이다. 처음에 미실 궁주가 진흥대제를 섬겨 반야 공주를 낳았다. 천광공이 그 적손이 되었다. 또 수종 전군을 낳았는데 뒤에 사진으로 이름을 고쳤으니, 그 아들이 바로 사린이다. 그러므로 진공과 천광공은 재종(6촌) 형제가 된다. 사린의 어머니 호린은 호림공의 누나다. 사린이 처음에 임종공의 대사가 되어 임종공의 첩 호명과 정을 통한 뒤 딸 진속을 낳았다. 임종공이 이에 호명을 사린의 아내가 되게 하여 진공을 낳았다.

진공은 문장에 능하고 풍채가 있으며, 기묘한 꾀를 좋아하고 병법 이야기를 잘했다. 또한 날쌔고 용기가 있어 여러 사람을 족히 제압할 수 있었다. 비록 그러하지만 여색을 좋아하고 마음이 탐욕스러웠고, 사사로운 비밀이 많아 사람들로부터 신망을 얻지 못했다. 찰두와 더불어 결탁하고 찰두의 딸 세 명을 첩으로 삼았다. 또 찰두의 아들 찰승의 아내 대씨를 취하여 첩으로 삼았다.

이에 앞서 진공은 달복공의 아들 흠돌과 감정이 좋았다. 흠돌의 누나 흠신이 보로 전군에게 시집가서 딸 둘을 낳았는데 모두 아름다웠다. 진공과 흠돌이 꾀를 써서 정을 통했다. 흠신 역시 진공을 영특하고 용맹하다고 생각하여, 보로 전군을 저버리고 진공에게 가려고 했다. 진공이 이에 사람을 시켜 보로를 설득하기를, "흠신이 병이 걸렸으니 버리고, 좋은 짝에게 다시 장가들도록 하시오"라고 했다. 보로 또한 그와 같이 여기고, 유신공의 셋째 딸 작광에게 장가들어 아내로 삼았다. 진공이 이에 흠신을 아내로 삼고, 풍월주가 되자 화주로 삼았다. 아울러 흠돌을 부제로 삼았는데, 흠돌은 마음이 험악하고 사악한 꾀가 많아 사람들이 모두 그를 꺼렸다.

당시 가야파가 크게 일어나 찰씨의 한 집안이 모두 화랑의 행정을 맡았고, 찰의가 도두 별장으로서 대도두 행세를 했다. 흠돌과 찰의는 죽음을 같이할 친구가 될 것을 허락하고, 보량을 통하여 진덕제를 만나 뵈었다. 진덕제는 그들에게 벼슬을 내려주고 총애했다.

이보다 먼저 흠돌은 자의의 아름다움을 듣고, 보룡이 홀로됐음을 업신여겨 [자의를] 첩으로 삼고자 했으나 보룡이 그를 물리쳤다. 얼마 되지 않아 보룡이 당원 전군을 낳았다. 흠돌이 사람을 시켜서 보룡의 추악함을 떠들게 하여 위협했다. 자의가 태자비가 되자 흠돌은 장차 화가 있을까 두려워하여 사람으로 하여금 자의가 덕이 없다고 험담을 하여 궁지로 몰았다. 그때 흠돌이 문명 왕후의 조카인 까닭에 권세가 안팎에 미쳤다. 자의궁은 마음을 졸이며 조심했다.

흠돌이 문명 황후를 설득하여 말하기를, "자의가 후일 황후가 되어 아들을 [태자로] 세우면 대권이 다시 진골 정통에게 돌아가게 되어 가야파가 위태롭게 될 것입니다. 일찍 신광을 태자비로 삼아 우리 집안을 편안하게 하는 것만 못합니다"라고 했다. 신광은 유신공의 딸로 태자의 첩이 된 사람이다. 신광의 형 진광이 바로 흠돌의 아내였기 때문에 흠돌이 유신공의 공적에 의탁해서 말했으나, 속으로는 그 친족을 굳게 하고자 했다. 문명 황후가 거의 이에 기울었으나 태자가 받아들이지 않아 흠돌의 계책은 드디어 깨졌다.

제27세 흠돌공(欽突公)

진공이 풍월주에 있은 지 5년 만에 흠돌에게 양보했다. 이때 태손 소명 전군이 이미 태어났고, 무열제가 자의의 현명함을 매우 사랑했으므로, 흠돌이 감히 그 계책을 다시 말하지 못했다. 이에 보룡 궁주에게 정성을 들이고 그 딸을 순원의 첩으로 들일 것을 청했다. 보룡 궁주는 속임수를 두려워하여 좋은 말로 거절했다. 흠돌은 다시 사람을 시켜서 야명 궁주와 아버지 오기공에게 정성을 들여 이전의 나쁜 명성을 없애고자 했다.

이때 야명 또한 인명 전군을 낳았는데, 준수하고 용과 봉황의 자태가 있어 태자가 매우 사랑했다. 흠돌이 스스로 말하기를, "인명의 신하가 되기를 원합니다"라고 하자, 야명이 어찌할 수 없이 허락했다. 그때 순원공이 흠돌에게 속임을 당하여 비밀히 흠돌의 딸과 사사로이 정을 통한 일이 있었다. 그리하여 흠돌을 위하여 야명을 설득한 것이다.

무열제가 죽고 문무제가 등극하자, 자의를 황후로 삼았다. 자의 황후는 흠돌의 간악함을 알았으나, 문명 태후에게 효도했으므로 일찍이 한마디도 꺼내지 않았다.

이에 앞서 흠돌은 호원공의 아들 흥원을 부제로 삼았다. 처음에 태양 공주가 진평 대제를 섬겨 태원과 호원을 낳았는데 임금을 닮지 않았다. 공주는 어려서 금륜 태자를 섬겼는데, 따로 사신(私臣)을 좋아했으며, 다시 임금을 섬길 때도 역시 그러했다. 그러므로 두 군(태원과 호원)은 통(統)을 얻지 못했다.

흥원은 황제의 정통이 자기에게 있다고 혼자 생각하여 조정을 원망하고, 이에 누이를 흠돌의 첩으로 삼아 결탁했다. [흠돌이] 야명 궁주에게 정성을 들이게 되자, 상선의 지위를 나의 아버지 오기공에게 전하고자, 흥원을 계책으로 꾀어 자리를 양보하게 했다.

아버지는 화랑의 정치가 무너졌다고 여기고 받지 않으려 했다. 진골 정통파의 낭두들이 머리가 땅에 닿도록 절하고 피를 흘리며 따져 말하기를, "만일 공께서 나아가지 않으시면 신들은 모두 장차 스스로 죽을 것입니다"라고 했다. 자의 황후도 나아가기를 권하여 마침내 수락하게 되었다.

제28세 오기공(吳起公)

흠돌이 풍월주로 있은 지 7년 만에 아버지가 비로소 지위에 나아가니 나이 28세였다. 이때 화랑의 행정이 이미 어지러워졌기에 급작스럽게 바로 잡을 수 없었다. 진공·흠돌·흥원 등이 모두 낭도 사병을 이끌고 위에서 화랑 행정을 마음대로 했다. 아버지는 구할 수 없다는 것을 알고, 3년간 재위하고 부제 원선공에게 물려주었다.

제29세 원선공(元宣公)

원선공 또한 4년을 지내고 군관공의 큰 아들 천관에게 물려주었다.

제30세 천관(天官)

천관의 아내는 바로 흠돌의 딸이다. 이에 화랑의 행정이 다시 흠돌 무리에게 돌아갔다.

제31세 흠언(欽言)

천관은 풍월주로 8년간 있었고 흠돌의 아들 흠언이 대신했다. 그의 첩 언원의 소생이었다. 흥원의 사위로서 흥원의 딸 원흥을 화주로 삼았다.

제32세 신공(信功)

흠언은 풍월주로 5년을 지낸 뒤, 진공의 아들 신공이 대를 이었으니, 바로 흠돌의 사위다. 또한 흥원의 딸 차홍을 화주로 삼았다.

몇 년 만에 화랑의 행정이 하나같이 세 명의 간신의 손으로 돌아갔다. 흠돌은 아첨으로 문명 태후를 섬겼다. 바로 그의 딸이 유신공의 외손이므로 태자에게 바쳤다. 태자와 모후는 흠돌의 딸을 좋아하지 않았다. 이에 앞서 소명 태자가 무열제의 명에 따라 흠운의 딸을 아내로 맞기로 약속했으나 일찍 죽었다. 흠운의 딸은 스스로 소명의 제사를 주관하기를 원했으며, 자의 황후가 이를 허락했다. 이것이 소명궁이다.

태자와 더불어 모후가 자주 소명궁으로 거둥했다. 태자가 소명궁을 좋아하여 마침내 이공 전군(효소왕)을 낳았다. 황후가 이에 소명궁에게 명하여 동궁으로 들어가게 하고, 선명궁으로 이름을 바꾸었다. 총애가 흠돌의 딸보다 훨씬 컸으므로 흠돌의 딸이 질투했다.

문명 태후가 죽자, 흠돌 등이 스스로 죄가 무겁다는 것을 알고 두려움과 불안에 떨었다. 게다가 흠돌의 딸이 총애를 잃자, 흠돌 등이 이에 역모를 꾀했다. 야명궁을 핑계로 삼아 인명을 옹립했으나, 실제로는 스스로 왕이 되려고 했다.

문무제가 병이 크게 악화되자, 아버지 오기공이 북원(원주)에서 들어와 호성 장군이 되었는데, 사실은 자의 황후의 명에 따라 나온 것이었다. 이때 호성 장군으로 있던 진공이 인부(印符)를 내어주지 않으며 말하기를, "주상께서 병들어 누웠고, 상대등이 문서를 내리지 않는데 어찌 중요한 직을 가벼이 넘겨주겠는가?"라고 하며, 물러나지 않았다.

대개 적들의 역모가 이미 치밀했기 때문이었다. 문무제가 죽었으나 비밀에 부쳐 발설하지 않고, 사람들을 시켜 비밀리에 서울 밖의 군사를 성 안으로 불러들여 흠돌 등이 군사를 동원하여 야명궁과 군관공의 집을 포위하고 난을 일으키려 했다.

오기공의 심복인 낭두가 그 모의를 공에게 알려주었다. 이때 시위 삼도는 적 편에 많이 서 있었다. 자위 왕후는 크게 걱정했다. 오기공이 순지 · 개원 · 당원 · 원수 · 용원공 등과 더불어 은밀히 사병들을 불러 모아 들어가서 황후를 호위하고, 삼도의 대감을 모두 파면하여 다스렸다. 흠돌 등이 이에 크게 놀라 진격하여 대궁(월성)을 포위했다. 서불한 진복공이 수병(手兵)을 이끌고 포위를 깨고 들어와 말하기를, "서울 밖의 군사가 크게 이르렀다. 너희들은 적신에게 미혹된 자들이니 목 베임을 면할 수 없으리라"라고 했다. 이때 흠돌 등이 그 무리를 속여 말하기를, "상대등 군관 및 각간 진복이 은밀히 임금의 교지를 받들어 인명을 세웠다"라고 했다.

그러나 군관이 움직이지 않았고, 진복은 포위를 깨뜨렸으므로 무리들이 의심하고 서로 다투었다. 이에 [진복은] 소리 높여 선포하기를, "왕에게 충성할 자는 오른쪽으로, 적신을 좇을 자는 왼쪽으로 모여라"라고 했다. 그러자 무리 중에 오른쪽으로 간 자들이 많았다. 흠돌 등은 일이 이루어지지 않음을 알고 포위를 풀고 달아나고자 했다. 오기공 등이 군사를 풀어 크게 무찔렀다. 서울 밖의 병력이 또 이르렀다. 적은 이에 3명의 간신을 사로잡아 바쳤다. 반란이 비로소 평정되었으나 삼도들 가운데 이 일 때문에 죽임을 당한 자가 매우 많았다.

자의 태후가 화랑을 폐지하라고 명하고, 오기공에게 낭도들의 명단을 작성하여 모두 병부에 속하게 하고 직위를 주었다. 비록 그러하나 지방의 화랑 행정은 옛날 그대로 남아 있었으며, 실직(삼척)이 가장 성했다. 오래가지 않아 그 풍속은 점차 다시 서울로 퍼졌다. 중신들이 모두 오래된 풍속을 갑자기 바꾸면 안 된다고 생각했다. 태후가 이에 도를 얻어야 국선이 되는 것을 허락했다. 그리하여 화랑의 풍속은 크게 변했다.

화랑세기 발문

돌아가신 아버지께서 일찍이 향음(신라 고유의 말)으로 화랑의 세보(혈통과 집안의 역사)를 기술하다가 미처 다 이루지 못했다. 불초 소생은 공무의 여가에 화랑 행정의 큰일과 계파 맥락의 바르고 삿된 것을 모아서, 아버지께서 지난 일을 상고하고자 하신 뜻을 이었다. 어쩌면 선도의 역사에 하나라도 보탬이 있으리라.

해동고승전
권 제1

서울 북쪽 오관산 영통사[33] 주지 교학사자사문 신하 각훈이 왕명을 받들어 저술하다

유통 1-1

논해서 말한다. 무릇 불타의 가르침이란 것은 이러하다. [부처님은] 본성과 현상을 늘 함께 갖추고 있으며, 중생 제도의 자비로운 서원은 넓고 깊기 때문에 과거 · 현재 · 미래의 삼세에 통하고, 사방 · 사우 · 상하의 시방세계에 고루 미친다. 마치 비와 이슬이 만물을 적셔 성장케 하고, 천둥과 번개가 만물을 진동시켜 싹트게 하는 것과 같다. 다섯 가지의 신통한 눈[34]으로도 그 모습을 볼 수가

33) 영통사 : 지금의 경기도 개풍군에 그 터가 남아 있으며, 고려 시대에는 매우 컸던 사찰이었다.

34) 오목(五目) : 수행에 따라 도를 이루어가는 순서를 보인 다섯 가지 안력(眼力). 가시적인 물질인 색(色)만을 보는 육안(肉眼), 인연과 인과의 원리에 따라 이루어진 현상적인 차별만을 볼 뿐 실체를 보지 못하는 천안(天眼), 공(空)의 원리는 보지만 중생을 이롭게 하는 도리는 보지 못하는 혜안(慧眼), 다른 이를 깨달음에 이르게 하지만 가행도(加行道)를 알지 못하는 법안(法眼), 그리고 모든 것을 보고 모든 것을 다 아

없으며, 네 가지의 달변[35]으로도 그 모습을 설명할 수가 없다. 그 본체는 본래 가고 옴도 없는 것이지만, 드러난 현상은 [무상하여] 삶도 있고 죽음도 있다.

석가여래는 도솔천에서 전단의 누각을 타고 마야 부인의 탯속으로 들어가 주나라 소왕 갑인년(BC 1027) 사월 초파일에 오른쪽 옆구리를 열고 정반 왕국에서 탄생하셨다.[36] 처음에는 궁중에 계시면서 세속과 같은 생활을 하셨다. 석존의 나이 30세 때, 성을 넘어 출가하여 드디어 나무 아래 앉아 깨달음을 얻으셨다.

법을 전하여 중생을 이롭게 하시니, 처음에는《화엄경》을 설하고, 다음에는 소승, 혹은《반야경》,《해심밀경》, 혹

는 불안(佛眼)을 이른다.

35) 사변(四辯) : 부처 · 보살이 가진 의변(義辯) · 법변(法辯) · 사변(辭辯) · 응변(應辯)을 말한다. 하늘 · 용 · 귀신의 말과 그 뜻을 다 분별하는 것을 의변이라 한다. 불법을 방해하거나 무너뜨리지 않고 가지고 지키는 것을 법변이라 하며, 중생들의 근본을 따라 설법하는 것을 사변이라 하고, 설법할 때에 두려움 없이, 무리를 기쁘게 하는 것을 응변이라 한다.

36) 마야 부인의 오른쪽 옆구리에서 태어났다는 이야기는 힌두교의 경전인《리그베다》에 근거한다. 이 경전에는 "우주를 창조한 절대적 존재의 입(머리)에서 바라문, 팔(옆구리)에서 크샤트리아, 허벅지(자궁)에서 바이샤, 발에서 수드라가 각각 태어났다"라고 했다.

은《법화경》,《열반경》을 근기에 따라 널리 설하셨다. 마치 한 점의 바람이 불면 그물의 만 개의 구멍이 일제히 울리는 것과 같고, 외로운 달이 천 개의 강물에 모두 비추는 것과 같았다. 49년 동안 중생을 제도하셨다. 석존의 나이 79세, 2월 15일에 옥림에서 입멸하시자 12줄의 흰 무지개가 며칠 밤이 지나도 사라지지 않았다.

아난 등이 부처님의 말씀을 모아 나뭇잎에 갖추어 실으니, 경 · 율 · 론, 계 · 정 · 혜가 이때부터 열려 행해지게 되었다. 그러나《화엄경》의 영원한 가르침은 용궁에 숨겨져 있었기 때문에 삿된 종파가 독뱀처럼 설쳐대고, 이단의 분파가 개구리처럼 울어댔다. 그러다가 마명이 세상에 출현하고 진나 · 호법도 대승을 외치고 화답하여,[37] 삿된 법을 깨고, 바른 법을 드러냈다.

우리 해동은 고구려 해미류왕(소수림왕) 때 순도가 평양성에 왔으며, 이어서 마라난타가 진(晋)나라에서 백제

---

37) 마명(馬鳴)은 1~2세기경에 활동한 중인도 사위국의 브라만 출신이었다. 처음에는 불교를 반대했으나 뒤에 불교에 귀의했다. 음악과 희곡으로 불교를 알렸다고 한다. 진나(陳那, 480~540?)는 세친의 사상을 이어받아 인명(因明 : 불교논리학)을 확립시켰다. 그의 제자 호법(護法, 530~631) 또한 스승의 설을 이어 유식 사상을 널리 폈다.

국으로 들어왔으니 즉 침류왕 때다. 그 후 신라 제23대 법흥왕이 즉위한 후, 양나라의 대통 원년(527) 3월 11일에 아도(阿道)가 일선현(경상북도 선산)에 머물렀는데, 신자인 모례가 숨겨주었다. 그때 오나라의 사신이 향을 가지고 왔으므로 아도는 그 분향 의식을 가르쳐주었는데, 이로 인해 왕궁으로 초대되었다. 그러나 불교의 가르침은 아직 열리지 않았다.

사인 염촉[38]은 진심을 얼굴 속에 감추고, 용감하게 나라사람들의 의심을 끊었다. 아! 부자(염촉)가 아니었더라면 나는 지금 어떠한 가르침을 따르고 있을까? 이로부터 원광·자장의 무리들이 서쪽으로 들어가 법을 전해 받고 [돌아오니] 상하가 믿고 공경하며, 내외가 받들어 행하여 앞에서 부르면 뒤에서 대답하니, 나날이 더하고 달이 갈수록 점점 늘어났다. 태조의 4대손 대각 국사[39]는 선왕 3년

38) 염촉(厭髑, 506～527) : 신라 법흥왕 때의 중. 일명 거차돈·이차돈이라고도 한다. 신라 10성의 한 사람으로, 불교의 공인을 위해 순교를 자청했다. 그가 처형되자 피가 하얀 젖으로 변하는 이적을 보여 불교가 공인되었다고 한다.

39) 대각 국사(大覺國師, 1055～1101) : 고려 제11대 문종의 넷째 아들로, 1065년(문종 19년) 출가했으며 오관산 영통사에서 불경을 공부했다. 1067년에 최고 승직인 승통(僧統)에 올랐다. 1085년 5월, 불교 전

(1085) 4월에 법을 구하기 위해 배를 타고 동쪽으로 가서 소승교, 대승시교, 대승종교, 돈교, 원교 등 5교[40] 각각의 요지를 얻어 와서 불교를 다시 바르게 되돌려 놓았다.

도는 스스로 널리 퍼지는 것이 아니라 사람에 의해 널리 퍼지는 것이다. 그러므로 유통 편을 지어 뒷사람들에게 보인다.

적을 수집하고 화엄학과 천태학의 차이점을 알아보고자 중국으로 건너갔다. 1086년 5월 귀국하여 흥왕사의 주지가 되었고, 천태종을 개창했다. 1091년 흥왕사에서 국내외에서 수집한 전적을 모아 《속장경》 간행에 착수했으며, 그 예비 목록으로 《신편제종교장총록》 3권을 간행했다.

40) 오교(五教) : 화엄종의 입장에서 불교의 가르침을 다섯 가지로 나눈 것이다. 소승교(아함경, 구사론), 대승시교(大乘始教 : 해심밀경, 유가론, 반야경, 삼론), 대승종교(大乘終教 : 능가경, 대승기신론), 돈교(頓教 : 유마경), 원교(圓教 : 화엄경, 법화경) 등을 말한다.

순도(順道)

승려 순도는 어떠한 사람인지 알 수 없다. 뛰어난 덕행과 고상한 인품을 지녔으며, 자비와 인내로서 중생을 제도했다. 불교를 널리 펴겠다는 뜻을 품고 중국을 돌아다니며 근기[41]에 맞게 사람들을 부지런히 가르쳤다.

고구려 제17대 해미류왕 2년(372) 여름 6월, 진(秦)나라의 왕 부견[42]이 사신과 승려 순도를 시켜 불상과 불경을 보내왔다. 왕과 신하들은 성문에서 맞아들이고, 정성을 다해 믿고 공경하니 감동과 경사가 널리 퍼졌다.

스님은 서역의 자비의 등불[慈燈]을 전하고, 동이[43]에

---

41) 근기(根機) : 불법을 받을 수 있는 중생의 능력. 혹은 근기(根器)라고도 하며, 진리를 깨우치려는 근성과 기량을 말한다.

42) 부견(苻堅) : 전진(351~394)의 3대 황제인 세조 선소제(357~385 재위)의 이름이다. 그는 어릴 때부터 명민하고 박학다재한 인물로, 한인 재상 왕맹을 등용하여 내정에 충실하여 국력을 길러 화북 지방을 통일했다. 그는 불교를 깊이 믿었고, 불교를 보호했던 호법 군주였다. 전진은 351년 저족(氐族)의 부건이 세운 나라이며, 394년 후진을 세운 강족(羌族) 출신의 요장에게 망했다.

43) 동이(東暆) : 한사군의 하나인 임둔군의 수도였으나, 뒤에 낙랑군

지혜의 해[慧日]를 매달아, 인과의 법칙을 보여주고 화복의 이치로써 중생들을 꾀어냈다. 마치 난초의 향기가 펴지고 안개가 스며드는 것처럼 불교는 점차로 스며들어 친숙하게 되어갔다. 그러나 세상이 고지식하고, 사람들이 순박하여 그 교화하는 까닭을 알지 못했으므로 많은 것을 펴지 못했다. 그 뒤 4년(374)에 신승 아도가 위나라에서 왔다. 성문사를 창건하여 순도를 머무르게 하고, 또한 이불난사를 창건하여 아도를 머물게 했으니, 이것이 해동 불교의 시작이다.

순도는 일찍이 없었던 큰일을 행했다. 큰 지혜와 큰 계획을 가졌거나, 불가사의한 신통력을 가진 사람이 아니었다면 어찌 그 일을 할 수 있었겠는가?

찬하여 말한다.

옛날 삼한에는 부처님의 이름과 광명의 조짐조차도 없었다. 간절한 소원이 통함에 따라 마침내 어진 고승이 와서 인연에 따라 교화하셨다. 《주역》에 이르기를, "천하의 모든 일에 통달하여 그 길흉을 미리

에 속하게 되었다. 여기서는 고구려를 가리킨다.

안다"라고 했으니, 순도를 두고 한 말이라 하겠다.

망명(亡名)

승려 망명은 고구려 사람이다.[44] 뜻은 깨달음에 두고 어진 마음에 의지하며, 진리를 믿고, 덕을 근본으로 삼아 사람들이 알아주지 않는다 하더라도 성내지 않았다.

진(晋)나라의 지둔 법사[45]는 그에게 편지를 보내어 이르기를, "상좌 축법심[46]은 중주 유원진의 제자로서 성품이 곧고 고상하여 출가와 세속을 모두 통솔했으며, 계율을 잘 지켜 내외가 모두 우러러보았으니 도를 알리는 큰 스승입니다"라고 했다. 지둔공은 중국에서 덕망이 높은 분이

---

44) 《양고승전》에는 고구려 도인(道人)이라고 했다.

45) 지둔(支遁) : 어릴 때부터 신통한 이치가 있고 총명함이 몹시 빼어났다. 25세에 출가하여 유교와 도교 경전을 공부하는 등 학식이 풍부해, 왕희지 등 당대의 유명한 학자들과 교유했다. 지산사 · 서광사 등을 세웠다.

46) 축법심(竺法深, 286~374) : 원래 법명은 법잠이다. 진(晋)나라 승상 왕돈(王敦)의 아우다. 18세에 출가하여 중주(중국 산서성 대녕현) 유원진을 스승으로 삼았다. 24세에 《법화경》과 《대품경》을 강의했으며, 중종 · 명제 · 왕무홍 · 유원규 등으로부터 공경을 받았다. 30여 년 동안 대승의 법을 펴기도 하고, 《노자》와 《장자》를 풀기도 했다. 섬현(剡縣) 앙산에서 89세의 나이로 죽었다.

었다. 그와 더불어 말을 통하고 사귀는 자들은 반드시 훌륭한 인재이거나 뛰어난 학자였을 것이다. 하물며 외국의 선비라 하더라도 뛰어난 사람이 아니고서야 어떻게 그와 같은 편지를 보냈겠는가?

불교가 일찍이 진나라에서 들어와 유행했다면, 송나라와 제나라 시대에도 마땅히 호걸들이 있어 때를 같이하여 떨쳐 일어났을 것인데, 기록해 놓은 서적이 없으니 슬프다. 그때 좋은 역사가가 있어 그 업적을 나열하고 서술하지 못했음이 아쉬울 뿐이다.

의연(義淵)

승려 의연은 고구려 사람이다. 혈통이나 출생의 인연은 전혀 알 수 없다. 스스로 머리를 깎고 승복을 입었으며, 계율을 잘 지켰다. 지혜가 깊고 견문이 넓었으며, 유교·도교에 모두 통달했으므로 당시의 출가인과 세속인들이 많이 귀의했다. 성품은 법을 전하기를 좋아하여 뜻을 불법을 널리 펴는 일에 두었다. 그러나 위없는 법보(法寶)는 그 빛을 드러내기가 실로 어렵고, 그 말미암은 바도 알 수가 없었다. 소문에 앞의 제나라(북제)[47]의 정국사 사문 법상은 지키는 계율이 산같이 높았고, 깨달은 지혜가 바다와 같이 넓었으며, 만물을 인도하고 사람들의 모범이 되었다. 거느린 비구·비구니가 2백만이나 되었으며, 교화는 40년 동안 계속되었다.

그때 고구려 대승상 왕고덕이 바른 믿음을 깊숙이 품고 대승불교를 존중하여 불교의 가르침을 저 변두리까지

---

47) 북제(北齊) : 중국 남북조 시대에 한족화한 선비족 고씨(高氏)에 의해 건국된 왕조다. 국호는 제이지만 남조의 제와 구별하기 위해 북제라고 불렀다(550~577).

입히려고 했다. 그러나 그 내력이나 연유, 서쪽에서 동쪽으로 전해진 시기와 임금의 이름을 알지 못했다. 그러므로 그 내용들을 기록하여 의연에게 업(鄴)으로 가서 몰랐던 것을 알아오도록 했다.

법상은 대답하여 이르기를, "부처님은 주나라 소왕 24년(BC 1027)에 태어나 19세에 출가하여 30세에 성도하셨고, 49년 동안 세상에 계셨습니다. 후한 명제 영평(58~75) 때에 불경과 불법이 처음으로 들어왔으며, 위나라와 진나라에도 서로 전했습니다"라고 했다.

의연은 그 가르침을 마음에 간직하여 잠시도 잊지 않았고, 사람들을 잘 가르쳐 지도할 수 있게 되었다. 심오한 이치를 두루 통달하여 언변은 유창하고 얽힌 고리를 풀 수 있게 되었다. 전날의 오래된 의혹은 얼음처럼 확연히 풀렸고, 이제 그 묘한 이치는 안개가 걷힌 듯 환해졌다. 이른바 '고통의 바다를 건너는 나루터요, 법문의 대들보와 같다'라고 한 것은 오직 우리 스님을 일컬음이 아니겠는가?

본국에 돌아와 큰 지혜를 찬양하고 어리석은 중생들을 이끌어 지도하니, 그 이치는 과거와 현재를 꿰뚫었고 훌륭한 명성은 사방에 퍼졌다. 타고난 자질이 크게 뛰어나고, 세상의 도리가 서로 돕지 않았다면 어찌 그와 같은 큰일을 이룰 수 있었겠는가?

찬하여 말한다.

부처님 나신 연월이 여기저기서 나오지만 정리하여 하나로 결정짓기가 어렵다. 그러나 의연은 친히 법상의 가르침을 받고 돌아왔다. 마땅히 이것을 그 나침반으로 삼아야 할 것이다.

담시(曇始)

승려 담시는 관중[48]사람이다. 출가한 뒤로 이상한 자취를 많이 남겼다. 발이 얼굴보다 희었고, 진흙탕 물속을 걸어도 물에 젖지 않았으므로 천하가 모두 백족화상이라고 불렀다.

진(晋)나라 태원 말년(396)에 경전과 계율서 수십 부를 가지고 요동으로 와서 교화했다. 사람들을 근기에 따라 교화할 때에는 분명히 삼승[49]으로 가르치고, 그 자리에서 계에 귀의하게 했다. 《양고승전》[50]은 이때를 고구려가 불법을 열게 된 시작으로 삼고 있다. 진나라 부견이 경전과 불상을 보낸 지 25년 뒤였다.

진(晋)나라의 의희(405~418) 초에 스님은 다시 관중

---

48) 관중(關中) : 지금 중국 섬서성 서안.

49) 삼승(三乘) : 중생을 열반에 이르게 하는 성문승·연각승·보살승 등 세 가지 교법을 말한다.

50) 《양고승전》 : 중국 양나라 때의 혜교가 519년 지은 고승들의 전기. 후한 때부터 양나라 때까지 760여 명의 고승들의 행적을 수록했다. 전체 14권이다. 이 책에는 고구려 도인과 승랑·담시 등 한국 관련 고승의 전기가 수록되어 있다.

으로 돌아와 불법을 전했다. 진나라 말(418)에 흉노족 혁련발발[51]이 관중을 습격하여 무수한 사람들을 죽였다. 스님 또한 변을 당했지만 칼에도 상처를 입지 않았다. 이 일로 인해 [혁련발발은] 널리 승려들을 놓아주고 하나도 죽이지 않았다. 그리하여 조용히 산속에 은둔하면서 몸 · 입 · 마음을 청정하게 하는 수행을 했다.

얼마 지나지 않아 탁발도[52]가 다시 장안을 정복했다. 그때 최호는 천사[53] 구겸지와 함께 탁발도에게 "불교는 이 세상에 아무 이익이 없으며, 백성들의 이익을 해치는 것이다"라 말하며, 그것을 폐지하도록 권했다. 탁발도는 그 말을 믿고, 태평 7년(446) 드디어 불법을 비방하여 없

---

51) 혁련발발(赫連勃勃) : 5호 16국의 하나인 대하국(하나라, 407~431)을 세운 세조 무열제(381~425)의 이름. 흉노 출신으로, 407년 후진(後秦)에서 독립하여 오르도스 지방을 중심으로 대하국을 세웠다. 418년 진나라의 장안을 빼앗고 북위와 대립했다. 재위 기간은 407~425년이다. 424년 장안에서 반란이 일어나 내란 상태가 되고, 425년 혁련발발이 죽자 하나라의 세력은 급속히 쇠퇴했다.

52) 탁발도(拓跋燾) : 북위(386~534)의 3대 세조 태무제(424~452 재위)의 이름. 439년 북부 중국을 완전히 통일했고, 남쪽으로 송나라를 공격해 세력을 키웠다. 그러나 도교를 너무 믿어 불교를 배척하는 폐불 군주로서 역사의 평가를 받고 있는 인물이다.

53) 천사(天師) : 도교의 성직자. 도사, 도관이라고도 한다.

했다. 군사를 사방으로 보내어 사찰을 불사르고 약탈했다. 승려들에게 불교 수행을 그만두게 했으며, 도망쳐 숨는 자는 쫓아가 잡아서 목을 베어 죽이니 온 나라 안에 승려라고는 없었다.

스님은 병란이 미치지 않는 곳에 은둔하며 세상을 엿보았다. 태평(440~450) 말에, 탁발도를 교화할 수 있는 때가 장차 올 것을 알았다. 정월 초하루 조회 때 금으로 된 주장자를 짚고 궁성의 문에 이르렀다. 탁발도는 포악한 병사들에게 스님을 베도록 했으나 다치지 않았다. 탁발도는 크게 화를 내며 자기가 차고 있는 날카로운 칼로 베었다. 칼날이 닿은 자리에 붉은 줄을 그은 듯한 흔적만 있을 뿐, 스님의 몸에는 전혀 이상이 없었다. 탁발도는 스님을 끌고 가서 호랑이 우리에 던져주도록 명령했다. 호랑이들은 모두 조용히 엎드린 채 감히 접근하지 않았다. 탁발도가 시험 삼아 천사를 우리 가까이 보내자, 호랑이들은 갑자기 으르렁거리며, 달려들어 물어뜯으려고 했다. 이에 탁발도는 불교의 헤아릴 수 없는 불가사의한 힘은 황제[54]·노자[55]에 비교할 바가 아님을 알게 되었다.

---

54) 황제(黃帝) : 중국의 전설 속 제왕. 이름은 헌원(軒轅). 복희씨·신농씨와 함께 삼황으로 불리는데, 처음으로 곡물 재배를 가르치고 문

곧 스님을 상전으로 모시고 그 발에 머리를 조아려 절을 하며, 과실과 허물을 뉘우치고 자신을 꾸짖었다. 스님은 그를 위해 인과의 응보는 모든 사람에게 해당되며 차이가 없음을 설명했다. 탁발도는 매우 부끄럽고 두려운 마음이 생겨, 지난 잘못을 고치고 미래의 과보를 위해 선행을 닦겠다고 했다. 명령을 내려 불교를 회복시키게 하니 종소리와 범패가 서로 들렸다. 스님이 어디로 갔는지 알 수가 없었다.

찬하여 말한다.

곤강산[56]에 불이 나면 구슬과 돌이 함께 타고, 서리가 들판에 내리면 쑥과 난초가 함께 시든다. 스님이 겪은 어려움과 험난함은 진실로 위태로웠다. 비록 나무를 베고, 발자취를 지운 것에 비할 바가 아니

자 · 음악 · 도량형 따위를 정했다고 하며, 최근까지 중국의 시조로 숭배되었다. 이들은 모두 도교에서 받드는 신이다.

55) 노자(老子) : 중국 춘추 시대의 사상가. 본래 이름은 이이(李耳). 도가(道家)의 시조로서, 《노자도덕경》을 통해 그의 사상을 엿볼 수 있다. 그는 상식적인 인의와 도덕에 구애받지 않고 만물의 근원인 도를 좇아서 살 것을 역설하고, 무위자연을 존중했다.

56) 곤강산(崑岡山) : 중국의 유명한 옥돌 산지였다.

다.[57]

몸을 던져 빠진 사람을 건져내니 이로 인해 불교가 흥하게 되었네. 이 상역(桑域)에 와서 장님들의 눈을 뜨게 했으니 이 또한 묵은 서원을 따라온 것이 아니겠는가?

---

57) '나무를 베고[伐樹], 발자취를 지운다[削跡]'는 것은 공자가 예를 가르치면서 당한 어려움을 말한다. 공자는 '노나라에서 두 번이나 쫓겨났고, 위나라에서는 발자취를 지웠고, 송나라에서는 나무를 잘랐으며, 진나라 · 채나라에서는 옥에 갇혔다'(《장자》 제31편 〈어부〉)고 한다. 벌수는 '공자가 송나라에 가서 제자들과 함께 큰 나무 아래에서 예를 익히고 있는데, 환퇴가 공자를 죽이고자 하여 그 나무를 뽑았다'(《사기》 권47 〈공자세가〉)는 것에서 유래한다. 이 표현은 담시가 겪은 일이 공자의 그것보다 심했다는 것을 말한 것이다.

마라난타(摩羅難陀)

승려 마라난타는 인도 승이다. 신이와 감통은 그 정도를 짐작할 수 없었다. 두루 돌아다니기로 뜻을 굳혀 한곳에 머물지 않았다. 옛 기록을 살펴보면, 원래 천축의 건타라국에서 중국으로 들어와 위험한 일을 겪었으나, 인연이 있으면 아무리 먼 곳이라도 밟지 않은 곳이 없었다고 한다.

백제 제14대 침류왕 원년 9월, 진(晋)나라에서 왔다. 왕은 교외에까지 나가 맞이했으며, 궁중으로 모시고 공양하며 설법을 들었다. 윗사람들이 좋아하니 아랫사람도 교화되어 불사(佛事)를 크게 일으켰다. 2년(385) 봄, 한산(경기도)에 절을 짓고, 10명을 출가시켜 승려가 되는 것을 허락했다. 이로 말미암아 백제는 고구려 다음으로 불교를 일으켰다.

《기로기》(미상)에 이르기를, "고구려의 시조 주몽은 고구려 여자에게 장가들어 두 아들을 낳았는데, 피류(避流)와 은조(恩祖)라 했다. 두 사람은 뜻을 같이하여 남쪽 한산에 이르러 나라를 세웠다"라고 했다. 본래 백 집을 거느리고 강을 건넜으므로 백제라고 불렸다.

《송고승전》[58]에 이르기를, "난타는 여환 삼매[59]를 얻어 물에 들어가도 젖지 않고 불 속에서도 타지 않았으며, 금이나 돌을 변화시키는 등 그 변화가 무궁했다"라고 했다. 그러나 이때는 건중(780~783) 연간이므로 시대가 서로 같지 않으니, 아마 한 사람의 자취는 아닐 것이다.

찬하여 말한다.

세상의 유민은 성질이 사납고 거스르는 편이어서
왕의 명령이나 나라의 명령에도 잘 따르지 않는다.
그러나 일단 들어보지 못했던 것을 듣고, 보지 못했
던 것을 보게 되면 즉시 모두 몸으로 착한 일을 하
고, 마음으로 진리를 닦게 된다. 전에 이르기를, "좋
은 말이라면 천리 밖의 사람까지도 감동하여 호응
한다"라고 했으니, 어찌 이것을 말하는 것이 아니겠

58) 《송고승전》 : 중국 당 · 오대 시대 고승의 전기를 집대성한 책. 모두 30권이며, 송나라 때 찬녕이 편찬했다. 987년에 완성되었다. 여기에는 신라의 고승인 원측 · 순경 · 의상 · 원효 · 진표 · 현광 · 무상 · 지장 · 무루 · 원표 등의 전기가 수록돼 있다.

59) 여환 삼매(如幻三昧) : 여환은 이 세상 모든 것은 본래 실체가 없는 환영과 같다는 뜻이다. 여환 삼매란 요술을 부리는 것처럼 작용이 자재하여 변화무쌍한 삼매를 말한다.

는가? 그러나 근기에 맞게 중생을 포섭하는 데는 때를 잘 타는 것이 중요하다. 그러기에 일은 옛 사람의 절반만 하고도 공은 갑절이나 되는 것이다.

아도(阿道)

승려 아도는 천축 사람이라고도 하고, 오나라에서 왔다고도 하며, 혹은 고구려에서 위나라로 들어갔다가 뒤에 신라로 돌아왔다고도 하는데, 어느 것이 옳은지 모르겠다.

생김새가 특이했으며, 신비로운 변화는 더욱 기이했다. 늘 돌아다니면서 교화하는 것을 임무로 삼았다. 경전을 강의할 때마다 하늘에서 꽃이 떨어졌다.

신라 눌지왕(417~458 재위) 때에 흑호자[60]라는 사람이 고구려에서 일선군으로 들어오니 널리 교화할 인연이 있었던 것이다. 고을 사람 모례가 집 안에 굴을 파서 방을 만들고, 그를 모셨다. 그때 양나라(502~557)[61]에서 사신을 파견하여 옷과 향을 보내왔다. 왕과 신하들은 향의 이름과 어디에 쓰는 것인지 몰랐다. 이에 향을 가지고 온 나

---

60) 흑호자(黑胡子) : 얼굴이 검은 인도 사람을 말한다. 《삼국유사》에는 묵호자(墨胡子)라고 했다.

61) 신라 눌지왕이 재위했던 시기의 중국은 양나라가 아닌 송나라였다.

라를 돌아다니면서 묻게 했다. 흑호자가 그것을 보고 이름을 알려주면서 말하기를, "이것을 태우면 향기가 매우 좋으며, 그렇게 하는 까닭은 정성이 신성(神聖)에 통하기를 바라기 때문입니다. 이른바 신성이란 첫째는 불타(佛陀)요, 둘째는 달마(達摩)요, 셋째는 승가(僧伽)입니다.[62] 만일 이것을 피우면서 소원을 빌면 반드시 신비하고 묘한 감응이 있을 것입니다"라고 했다. 마침 공주가 병이 들었다. 왕은 흑호자에게 향을 피우고 소원을 빌게 하니 병이 곧 나았다. 왕은 매우 기뻐하고, 많은 선물을 주었다. 흑호자는 받은 물건을 모례에게 주어 그동안의 은혜에 보답하고, 말하기를, "저는 가야 할 곳이 있으니 이만 헤어지고자 합니다"라 하고 잠깐 사이에 사라지니 간 곳을 알지 못했다.

비처왕(소지왕, 479~500 재위) 때 아도화상이 시중드는 세 사람과 함께 모례의 집에서 묵었다. 그 모습이 흑호자와 비슷했다. 머무른 지 수년 만에 병도 없이 죽었다. 시

---

62) 불교에서 이야기하는 세 가지 보물로서 불·법·승(佛法僧) 삼보를 말한다. 불타는 부처님을, 달마는 인도어 '다르마'의 한자 표현으로 법이라고 풀이되며, 부처님의 말씀인 불경을 말한다. 승가는 진리(불법)를 따르는 승려, 또는 승려 집단을 말한다.

중드는 세 사람은 머물면서 경율을 독송하니 이따금 믿고 받들어 행하는 자가 있었다.

옛 기록(古記)을 보면, “양나라 대통 원년(527) 3월 11일, 아도가 일선군에 들어올 때 천지가 진동했다. 스님은 왼손에 금 고리 장식의 지팡이를 짚고, 오른손에 옥으로 만든 바리때를 들었으며, 누더기 옷을 입고, 경전을 외우면서 모례의 집에 왔다. 모례는 깜짝 놀라며 말하기를, ‘지난날에 고구려 승려 정방(正方)이 왔을 때 임금과 신하들이 괴상히 여기고 상서롭지 못하다 하여 그를 죽여버렸습니다. 또 멸구자(滅垢玭)라는 승려가 뒤를 이어 왔을 때도 앞서와 같이 죽여버렸는데, 당신은 무엇을 구하러 오셨습니까? 빨리 안으로 들어와 사람의 눈에 띄지 않게 하십시오’라고 하면서 밀실에 모시고 공양하기를 게을리 하지 않았다. 마침 오나라[63] 사신이 다섯 가지 향을 가지고 와서 원종왕(법흥왕, 514~540 재위)에게 바쳤다. 왕은 어디에 쓰는 것인지 알지 못해 나라 안을 돌아다니며 물어보게 했다. 사자가 법사에게 물었더니, 법사가 말하기를, ‘불에 태워 부처님께 공양하는 것입니다’라고 했다. 사자가 법사

63) 이때 오나라는 없었으니, 양나라였을 것이다.

와 함께 서울에 돌아오자, 법흥왕은 법사에게 사신을 만나보도록 했다. 오나라 사신이 예배하며 말하기를, '고승께서 이런 변방에 멀다 않으시고 어찌 오셨습니까?'라고 했다. 이로써 법흥왕은 부처님과 승려는 존경해야 되는 것임을 알았다"라고 했다.

또 고득상의 영사시(詠史詩)를 살펴보면, "양나라에서 원표라는 사신을 시켜 침단향[64]과 경전 · 불상을 보내왔는데, 그 쓰이는 바를 알지 못해 사방에 물어보다가 아도를 만났더니 사용법을 가르쳐주었다"라고 했다. 고득상의 주석에는, "아도는 두 번이나 살해를 당할 뻔했으나 신통력으로 죽지 않고 모례의 집에 숨었다"라고 했다. 아도의 행적이 흑호자와 닮은 것은 어찌 된 일인가?

박인량의 《수이전》[65]을 보면, "스님(아도)의 아버지는

---

64) 부처님을 공양하기 위한 향은 많은 정성이 들어갔다. 소나무를 바닷물에 3년 정도 담가두었다가 꺼내어 말려서 향으로 썼다고 한다. 그렇게 만든 향을 침단향이라고 한다. 우리나라에는 지역 단위로 불교 신자들이 향도를 조직해, 미래에 올 미륵불에게 바칠 향을 준비하는 매향(埋香)의 의식이 있었다. 향을 묻어놓은 곳을 후세에 알리기 위해 비석을 세우는데, 이 비석을 매향비라고 하며, 현재 해안가 지역에서 발견되고 있다.

65) 《수이전(殊異傳)》: 박인량(1047~1096)이 지은 우리나라 최초의

위나라(220~265) 사람 굴마이고, 어머니 고도령은 고구려 사람이다. 굴마는 고구려에 사신으로 왔다가 고도령과 정을 통하고 위나라로 돌아갔다. 고도령은 이로 인해 임신을 했고, 아도가 태어났다. 5세가 되자, 어머니가 말하기를, '아비 없는 자식이니 중이 되는 것만 같지 못하다' 하므로, 그날로 머리를 깎았다. 16세에 위나라로 들어가 굴마를 만나고, 현창(玄彰) 화상에게 가르침을 받았다. 19세에 돌아와 어머니를 뵈었다. 그에게 타이르며 말하기를, '신라는 비록 불교가 없지만 지금부터 3천여 개월 뒤에는 불법을 보호하는 왕이 나와서 불사를 크게 일으킬 것이다. 또 그 나라 서울에는 법이 머무는 일곱 곳이 있으니, 하나는 금교의 천경림(지금의 여륜사[66])이고, 둘은 삼천지(지금의 영흥사[67])이고, 셋은 용궁의 남쪽(지금의 황룡

설화집. 원본은 남아 있지 않고 설화 몇 편만 《삼국유사》에 실려 전한다. 박인량은 고려 초기 학자로서 시와 문장에 뛰어났다. 특히 문장은 우아하고 아름다워 중국에 보내는 많은 외교 문서를 도맡아 작성했다. 설화집인 《수이전》외에 《고금록》 10권을 편찬했다고 한다.

66) 여륜사(輿輪寺) : 흥륜사를 말한다. 경상북도 경주시 봉황대와 오릉(박혁거세의 무덤) 사이의 동편에 있던 절. 527년(법흥왕 14년)에 처음으로 터를 닦고, 535년에 천경림을 채벌하고 짓기 시작해 544년(진흥왕 5년)에 완공했다.

사[68])이고, 넷은 용궁의 북쪽(지금의 분황사[69])이고, 다섯은 신유림(지금의 천왕사[70])이고, 여섯은 사천(沙川)의 하류(지금의 영묘사[71])이고, 일곱은 서청전(지금의 담엄사[72])이다. 이곳들은 불법이 멸하지 않을 것이니, 전 시대

67) 영흥사(永興寺) : 경상북도 경주시 효명동에 있던 절. 진흥왕비가 스스로 여승이 되어 살던 곳이다.

68) 황룡사(皇龍寺) : 경상북도 경주에 있던 절. 553년 기공이 시작되어 569년에 완공되었다. 신라 호국 신앙의 중심지였다. 황룡사엔 목조 9층탑이 있었는데, 645년(선덕여왕 14년)에 자장의 건의에 의하여 백제의 장인 아비지(阿非知)의 설계로 건축되었으나, 1238년(고려 고종 25년)에 몽골군의 침입으로 사찰 건물과 함께 불에 타버렸다. 지금은 그 초석만 남아 있다.

69) 분황사(芬皇寺) : 경상북도 경주시 구황동에 있는 절. 634년(선덕여왕 3년)에 창건되어 원효가 불도를 닦으면서 《화엄경소》를 쓴 명찰이었다. 현재는 우리나라 최고의 모전 석탑(국보 제30호)이 원형을 잃은 채 3층만 남아 있다.

70) 천왕사(天王寺) : 혹은 사천왕사라고 불렸다. 679년(문무왕 19년)에 명랑(明朗)이 창건했는데, 현재 경주 남산의 남동쪽 기슭에 터에 주춧돌과 탑지만 남아 있다.

71) 영묘사(靈妙寺) : 635년(선덕여왕 4년) 경주에 건립된 절. 경덕왕 때 판관을 둘 만큼 나라로부터 특별한 대우를 받았으며 여러 번 재해를 입었으나 복구되었다.

72) 담엄사(曇嚴寺) : 경상북도 경주시 탑동 오릉의 남쪽에 있던 절. 지

에 절이 있던 곳이다. 너는 그 나라에 가서 처음으로 현묘한 뜻을 전하여 불교의 시조가 된다면 아름다운 일이 아니겠느냐?'라고 했다. 스님은 말씀을 받들어 신라 왕궁 서쪽 마을에 머물렀으니 지금의 엄장사가 그곳이다. 이때는 미추왕 2년(263)이었다. 스님이 불법을 베풀기를 청하자 전에 보지 못한 것이라 하여 괴상하게 여기고 심지어 죽이려는 사람도 있었다. 그러므로 속촌[73]의 모록(毛祿)의 집에 숨었다. 해를 피해 산 지 3년에 성국 공주가 병이 들었다. 사방에 사람을 보내어 치료할 수 있는 사람을 구했다. 스님은 그 구함에 응하여 대궐로 들어가 치료하여 낫게 했다. 미추왕은 매우 기뻐하며 원하는 것을 물었다. 스님은 말하기를, '단지 천경림에 절을 짓는다면 제 소원은 족합니다'라고 하자, 미추왕이 허락했다. 하지만 미추왕이 세상을 떠난 뒤 불교를 없애려는 사람들이 있어 다시 속촌으로 돌아가 스스로 무덤을 만들고 입적했다"라고 했다.

찬하여 말한다.

금은 논 가운데 당간 지주만 남아 있다.

73) 속촌(續村) : 현재 경북 선산 지역을 말한다.

불교가 동쪽으로 전해오자 믿고 헐뜯음이 번갈아 일어나, 아도나 흑호자 같은 분은 모두 모양 없는 법신을 가지고 숨었다 나타났다 함을 자유로이 했다. 앞서거나 뒤서며 같기도 하고 다르기도 하면서 그 자취를 정할 수가 없었다. 다만 먼저 옳음을 시험한 뒤에야 행했고, 해를 피해 숨었지만 마침내 공을 이루었다.

법공(法空)

승려 법공은 신라 제23대 법흥왕으로 이름은 원종이다. 지증왕(500~514 재위)의 큰아들로, 어머니는 연제부인이다. 왕은 키가 7척이나 되고, 너그럽고 후덕하여 사람들을 사랑했으며, 신령스럽고 거룩하여 백성들이 밝게 믿었다.

왕위에 오른 뒤로 항상 불법을 일으키고자 했으나 신하들이 말이 많아 쉽지 않았다. 왕이 신하들을 불러 묻기를, "성조 미추왕께서는 아도와 함께 처음으로 불교를 펴려고 하셨지만 큰 공을 이루지 못하고 돌아가셨다. 이후 능인[74]의 묘한 교화가 막히게 되니 짐은 매우 슬프게 생각해 왔다. 이제 마땅히 대가람을 세우고 불상을 조성하여 선왕의 공적을 좇으려 하는데 경들의 생각은 어떠하냐?"라고 했다. 대신 공알(恭謁)이 간언하기를, "근자에 흉년이 들어 백성들이 평안하지 못하고, 이웃 나라의 군사들이 국경을 침범하여 전쟁이 끊이지 않고 있습니다. 그런

---

74) 능인(能仁) : 능히 인(仁)을 행하는 사람이라는 뜻으로, 석가모니를 달리 이르는 열 가지 이름 중의 하나다.

데 백성을 괴롭히는 공사를 일으켜 쓸데없는 집을 지으려 하십니까?"라고 했다. 왕은 신하들에게 믿음이 없음을 안타깝게 여겼다. 탄식하며 말하기를, "과인이 부덕한 사람으로서 외람되이 왕위를 이어받아 음양이 고르지 못하고 백성들이 편하지 못한 것 같다. 그런 까닭에 신하들도 내 뜻을 따르지 않으니, 누가 능히 묘법의 방편으로써 어리석은 사람들을 깨우쳐 줄 수 있을까?"라고 했다. 오래도록 응답하는 사람이 없었다.

16년(529)에 이르러 내사 사인 박염촉(혹은 이차돈, 거차돈이라고도 한다)이 있었는데, 나이가 26세였다. 마음가짐이 성실하고 깊었으며, 옳은 것을 보면 용기를 냈다. 왕의 큰 소원을 돕기 위해 은밀하게 아뢰었다.

"폐하께서 불교를 일으키시고자 하신다면 청하옵건대 제가 거짓으로 왕명이라 하여 유사에게 전하되, '왕께서 불사를 창건하려 하신다'라고 하겠습니다. 그렇게 되면 신하들은 반드시 간언을 올릴 것이니 이때 바로 칙령을 내려 '짐은 그런 영을 내린 일이 없는데 누가 왕명을 꾸며대었는가?' 하십시오. 그러면 그들은 반드시 신의 죄를 추궁할 것입니다. 그때에 만일 왕께서 그 신하들의 아룀이 옳다고 하신다면 그들은 복종할 것입니다."

왕은 말하기를, "그들은 완고하고 오만하니 비록 너를

죽인다 한들 어찌 복종하겠는가?"라고 했다. 염촉은 아뢰기를, "큰 성인(석가모니)의 가르침은 천신이 받드는 것입니다. 만일 소신을 베시면 마땅히 천지의 이변이 있을 것입니다. 이변이 있다면 누가 감히 오만스럽게 거역하겠습니까?"라고 했다.

왕은 말하기를, "본래 이로운 것을 일으키고 해로운 것을 없애려고 하는데 도리어 충신을 죽인다면 어찌 슬픈 일이 아니겠는가?"라고 했다. 염촉은 대답하기를, "몸을 희생하여 인을 이루는 것[殺身成仁]은 신하 된 자의 큰 절개입니다. 하물며 불법이 영원히 빛나고 황실의 영원한 평안을 위한 것이라면, 죽는 날이 바로 다시 태어나는 해가 될 것입니다"라고 했다. 왕은 크게 감탄하며 칭찬하여 말하기를, "그대는 베옷을 입었지만 뜻은 비단을 품었구나"라고 했다. 이에 염촉과 함께 큰 서원을 깊게 맺었다.

드디어 그 뜻을 전해 말하기를, "천경림에 절을 지으려 하니 집사들은 칙령을 받들어 일을 일으켜라"라고 했다. 과연 신하들이 그 일에 관해 논쟁했다. 왕은 말하기를, "짐은 그런 영을 내린 적이 없노라"라고 했다. 염촉은 곧 크게 외치기를, "신이 실로 그렇게 한 것입니다. 만일 이 법을 행하면 온 나라가 태평할 것입니다. 진실로 세상을 다스리고 백성을 구제함에 이익이 있다면 비록 국령을 거짓으로 꾸며냈다 하더라도 무슨 죄가 되겠습니까?"라고 했다. 이에 왕은 신하들을 모아 이 일에 대해 물었다. 모두 말하기를, "지금 승려들을 보면 아이 머리에 누더기 옷을 입고 괴기한 의론을 일삼으니 바른 도가 아닙니다. 만일 경솔히 그 말을 따른다면 후회가 있을까 두렵습니다. 신들은 비록 죽을죄를 범할지라도 감히 칙령을 받들지 못하겠습니다"라고 했다. 염촉은 흥분하며 말하기를, "지금 여러 신하들의 말씀은 옳지 않습니다. 대개 비상한 사람이 있은 후에야 비상한 일이 있는 법입니다. 신이 듣건대, 불교는 그 진리가 심오하다 하니 행하지 않을 수 없습니다. 또 제비나 참새 따위가 어찌 기러기나 고니의 뜻을 알겠습니까?"라고 했다. 왕은 이르기를, "여러 사람들의 말은 완강하여 거절할 수가 없고 너는 혼자서 다른 말을 하니, 양쪽을 다 따를 수가 없구나"라 하고, 드디어 염촉을 형리에게 넘겨 목을 베라 했다.

염촉은 하늘에 고하여 맹세하기를, "나는 불법을 위해 형벌을 받지만 부디 정의와 이익이 일어나기를 바랍니다. 부처님께 만일 신령함이 있으시다면 신이 죽을 때는 반드시 이상한 일이 있을 것입니다"라고 했다.

마침내 목을 베자 머리는 날아가 금강산(소금강산) 꼭대기에 떨어지고, 흰 젖이 목이 끊어진 자리에서 솟았는데, 높이가 수십 길이나 되었다. 햇빛은 어두워지고 하늘에서는 아름다운 꽃이 내렸으며 땅이 크게 흔들렸다. 왕과 신하와 백성들은 하늘의 변괴를 두려워했고, 염촉이 법을 존중하여 목숨을 잃은 것을 슬퍼하고 서로 바라보며 울었다. 드디어 시신을 받들어 금강산에 장사하고 예배했다. 그때 왕과 신하들은 맹세하여 이르기를, "지금부터는 부처님을 받들고 스님께 귀의하겠습니다. 이 맹세를 어긴다면 밝으신 신령은 우리를 죽이소서"라고 했다.

군자는 이르기를, "염촉의 행동은 천지에 통하지 않음이 없고 일월에까지 뻗쳤으며 귀신을 감동시켰으니 하물며 사람들에게야 말할 필요가 있겠는가? 무릇 스스로 불법을 믿는다면 천지도 응하지 않을 수 없을 것이다. 진실로 큰 서원이 있으면 태산도 기러기 깃털보다 가볍게 된다. 장하구나! 그의 죽음은 그것을 얻었도다"라고 했다.

21년(534)에 천경림의 나무를 베고 터를 닦는데, 주춧돌과 감실과 섬돌들을 발견했다. 과연 그곳은 옛날 초제사(招提寺)의 옛터였다. 공사를 다 마치자 왕은 왕위를 사양하고 스님이 되어 이름을 법공이라 고치고, 삼의 와발[75]만을 지녔다. 뜻과 행은 원대하고 고상했으며, 일체 중생에 대해 자비심을 가졌다. 절 이름을 대왕흥륜사라 했다. 이는 대왕이 머물러 있는 곳이기 때문에 붙여진 이름이었다. 이것이 신라에서 창건한 최초의 절이었다.

왕비 또한 불법을 받들었고, 비구니가 되어 영흥사에 머물렀다. 이로부터 큰 불사를 열어 일으켰으므로, 왕의 시호를 법흥이라 했는데, 헛된 찬사가 아니다. 그 뒤로는 염촉의 기일을 맞이할 때마다 흥륜사에서 법회를 열고 그의 지난날을 추모했다. 태종왕(654~661 재위) 때 재상 김양도[76]가 서방 극락세계를 신앙하고, 두 딸 화보와 연보를 이 절의 노비로 삼게 했다. 또한 반역을 꾀한 모척의 일족도 이 절의 천한 일에 충당했다. 이로 인해 구리와 주석과 같은 두 부류의 사람들이 지금까지 절의 천한 일을 맡고 있다.

내가 동도(경주)를 유람할 때, 금강산 마루의 외로운 무덤과 짤막한 비석을 보고 몹시 슬퍼 울고 싶은 마음을 금할 수가 없었다. 떠남이 오래일수록 생각은 더욱 깊은 것이라 했던가. 〈아도비〉[77]를 살펴보면, 법흥왕은 출가하

---

75) 삼의 와발(三衣瓦鉢) : 대의(大衣), 칠조(七條) 가사, 오조(五條) 가사 등 세 가지 가사와 진흙으로 만든 바리때를 말하며, 법흥왕이 출가 후 물건에 집착하지 않고 수행에만 힘썼다는 내용이다.

76) 앞의 《화랑세기》 〈제22세 양도공〉에 그의 전기가 나온다.

77) 김용행이 지었다고 한다.

여 법명은 법운, 자는 법공이라 되어 있지만, 지금은 《국사》와 《수이전》을 참고하여 두 개의 전기로 나뉘었으니, 옛것을 좋아하는 자는 자세히 살펴보기 바란다.

찬하여 말한다.

원종은 비록 불법을 일으키려 했으나 아침에 영을 내려 저녁에 행하기란 참으로 어려웠다. 그러나 본원력을 받들고 높은 지위에 있었으며, 또 어진 신하의 충직한 간언에 힘입어 세상을 이롭게 하여 마침내 한나라 명제[78]와 수레를 나란히 달리게 되었다고 할 수 있다. 그 위대하고 위대함이여, 여기에 무슨 말이 필요하겠는가?

왕과 비구는 몸은 다르지만 마음은 같음을 보여주었다. 왕이 환상의 구름을 쓸어 헤치고 본성이 공한 부처님의 지혜의 빛을 발하면서, 그것을 품고 날아갈 수 있었던 것은 오직 염촉의 힘이었다.

---

78) 중국에서 처음으로 불교를 받아들인 후한의 황제.

법운(法雲)

승려 법운은 속명을 삼맥종이라 하고, 시호를 진흥(540~576 재위)이라 했다. 법흥왕의 아우 갈문왕의 아들로서 어머니는 김씨다. 7세에 즉위했으며 매우 관대하고 인자했다. 정사를 공정히 다스려 백성들의 신뢰를 받았으며 착한 일을 들으면 놀란 듯이 행했고, 악을 제거하는 일에 가장 힘썼다.

7년(546)에 흥륜사가 완성되자,[79] 사람들에게 출가를 허락했다. 8년(547)에는 대아찬 거칠부 등에게 명하여 《국사》를 편찬케 했다. 10년(549)에는 양나라에서 사신과 중국 유학승 각덕을 보내면서 부처님 사리도 함께 보냈다. 왕은 여러 신하들에게 흥륜사 앞길까지 나가 맞이하게 했다. 14년(553)에는 월성 동쪽에 새로운 궁궐을 짓게 했는데, 황룡이 그 땅에서 나타났다. 왕은 절로 고치게 하고 황룡사라 이름 지었다. 26년(565)에는 진(陳)나라(557~589)에서 사신 유사와 승려 명관을 보냈는데, 불교의 경

79) 《삼국유사》에서는 7년이 아닌 5년에 완성되었다고 하면서 《해동고승전》의 오류를 지적하고 있다.

론 700여 권을 가지고 왔다. 27년(566)에는 기원사 · 실제사 두 절이 창건되고, 황룡사 또한 완공되었다. 33년(572) 10월에는 전사한 군인들을 위하여 지방의 절에서 팔관재회를 베풀고 7일 만에 마쳤다. 35년(574)에는 황룡사의 장륙상을 주조했다. 혹 전하기를, 아육왕이 띄운 배가 황금을 싣고 사포(지금의 울주 곡포)로 들어오자, 그것을 가져와서 주조했다고 하는데, 이 말은 〈자장전〉에 있다. 36년(575)에는 장륙상에서 눈물이 나와 발꿈치까지 흘러내렸다.

37년(576)에는 처음으로 원화를 받들어 선랑(仙郞)으로 삼았다. 처음에 임금이나 신하들은 인재를 알아보지 못하여 근심하던 끝에 많은 사람들을 무리지어 놀게 하여, 그들의 행실을 보아 천거하여 쓰고자 했다. 드디어 미녀 두 사람을 가려 뽑아 남무(南無)와 준정(俊貞)이라 했으며, 그들은 무리를 300여 명이나 모았다. 두 여자는 서로 미모를 다투다가 준정이 남무를 유인하여 억지로 술을 권하여 취하게 한 뒤 강물에 던져 죽여버렸다. 이로써 무리들은 화목을 잃고 흩어져버렸다. 그 뒤에는 미모의 남자를 뽑아 곱게 단장시켜 화랑으로 삼으니 무리들이 구름처럼 모여들었다. 그들은 도의를 서로 부지런히 갈고 닦으며, 노래와 풍류를 서로 즐겼고, 산수를 찾아다니면서 유람했으니 먼 곳이라도 이르지 않는 곳이 없었다. 이로써 사람의 옳고 그름을 알게 되고, 그중에서 좋은 사람을 가려 뽑아 이를 조정에 추천했다.

그러므로 김대문의 《화랑세기》에 이르기를, "어진 재상과 충성스러운 신하가 이로부터 났고 훌륭한 장수와 용감한 병졸이 이로 말미암아 나왔다"라 했다. 최치원(857~?)의 〈난랑비〉[80] 서문에 이르기를, "나라에 현묘한 도가 있으니 이를 풍류라 한다. 이것은 실로 3교를 포함한 것으로 모든 백성을 상대로 교화했다. 또한 그들은 들어오면 집에서 효도하고 나가면 나라에 충성했으니 노나라 사구(司寇 : 공자)의 뜻이었고, 무위(無爲)의 상태에 몸을 맡기고 무언의 가르침을 행했으니 주나라 주사(柱史 : 노자)의 종지였으며, 모든 악한 일은 하지 않고 모든 착한 일만 받들어 행했으니 천축 건타라 태자의 교화였다"라고 했다. 또 당나라 영호징[81]은 《신라국기》에서 이르기를, "귀인들

---

80) 〈난랑비(鸞郎碑)〉 : 현재 전하지 않으며, 화랑 난랑을 기리기 위해 세운 비석인 것 같다.

81) 영호징(令狐澄) : 당나라 대종 때, 신라 제36대 혜공왕(765~780 재위)의 책봉사였던 귀숭경의 종사관으로 파견되었던 사람이다. 《신라국기》는 고음(顧愔)이 지은 것이다.

의 자제 중 아름다운 자를 가려 뽑아 분을 바르고 곱게 단장하여 받들었으며, 이름을 화랑이라 하고 나라 사람들이 다 받들어 섬겼다"라고 했다. 이는 대개 왕의 정치를 돕기 위한 방편이었다. 원랑(原郞)부터 신라 말에 이르기까지 무릇 200여 명이 나왔는데 그 중에서 4명의 화랑이 가장 어질었으니, 《화랑세기》 중에 설하는 바와 같다.

왕은 어린 나이로 즉위하여 일심으로 부처님을 받들다가 말년에 이르러 머리 깎고 스님이 되어 법복을 입고 스스로 법운이라 이름 지었다. 계율을 받아 지니고, 세 가지 업[82]을 청정히 했으며, 마침내 세상을 마쳤다. 그가 죽자 나라 사람들은 애공사 북쪽 봉우리에 예의를 갖추어 장사 지냈다. 이 해에 안함법사가 수나라에서 왔다.

찬하여 말한다.
풍속은 사람과 관계됨이 크다. 왕이 풍속을 옮겨서
바꾸려고 하자 마치 물이 아래로 흐르는 것과 같았
다. 그 모양이 매우 세차니 누가 막을 수 있겠는가?
처음에 왕이 이미 불교를 숭상하여 화랑들의 놀이

---

82) 삼업(三業) : 몸 · 입 · 뜻으로 짓는 세 가지 업. 신업(身業) · 구업(口業) · 의업(意業)이다.

를 베푸시니, 나라 사람들이 즐거이 좇아 본받기를 마치 보물의 집으로 달려가고 봄의 누각에 오르듯 했다. 그 요지를 보면, 선으로 옮기고 의로 옮겨서, 점차 큰 길로 나아가게 하는 데 있을 뿐이다. 저 한나라 애제(BC 7~BC 1 재위)는 부질없이 여색만을 좋아했기 때문에 반고(32~92)는 말하기를, "보드랍고 아름다운 것이 사람의 마음을 쏠리게 함은 비단 여자만이 아니라 남색도 또한 그러하다"고 했다. 이것을 평하여 화랑의 이야기와 같다고 말할 수는 없다.

해동고승전
권 제2

유통 1-2

각덕(覺德)

승려 각덕은 신라 사람이다. 총명하고 박식했으며, 범인인지 성인인지 변화가 심하여 헤아릴 수가 없었다. 신라는 이미 불교를 받들어 행하고 있었고, 사람들은 다투어 귀의하고 믿었다. 스님은 통달한 지혜[達智]로서 세상이 교화될 수 있을 것이라고 하면서, "높은 곳으로 옮기려면 반드시 골짜기에서 나와야 하고, 도를 배우려면 스승을 구하기에 힘써야 한다. 만일 편안하게 지내고 느리게 행한다면 부처님의 제자로서 부모의 은혜를 저버리고 출가한 본뜻에 어긋난다"라고 말했다. 곧 배를 타고 양나라로 들어가 법을 구하는 데 선봉이 되었다. 어느 해인지는 알 수 없지만, 이것이 신라 사람으로서의 유학은 처음이다.

사물의 이치에 밝은 스승을 두루 찾아 섬기면서 그 가르침을 받으니, 마치 눈자위를 가린 푸른 막을 벗긴 듯하고, 귓속의 귀지를 파내버린 듯했다. 시작한 일은 반드시 마쳤으며, 소홀하거나 태만하지 않았다. 덕은 높고 행은 뛰어나 도덕과 인망은 갈수록 높았다.

"보배를 캐는 것은 단지 나만 쓰기 위한 것이 아니다. 마땅히 고국으로 돌아가 가난한 사람들을 널리 구제해야 한다"고 하면서, 진흥왕 10년(549)에 양나라 사신과 함께 부처님 사리를 가지고 본국 서울로 돌아왔다. 이 또한 사리가 들어온 시초다. 그리고 번뇌의 때를 깨끗하게 씻어 주는 물[法水]로써 바다(신라) 끝까지 두루 적시어 게으른 사람들을 모두 똑바로 세워 부처님의 땅으로 가게 하는 마음을 품게 했다. 그 공덕의 이로움에 대해 다시 어찌 수승하게 말할 수 있겠는가?

그 뒤 26년(565)에 진나라에서 사신 유사와 입학승 명관을 보내면서 불교의 경론도 무려 2700여 권이나 보내왔다. 신라가 불법의 교화를 처음으로 폈을 때는 경전과 불상이 빠진 것이 많았지만 이때에 이르러 모든 것을 다 갖추게 되었다. 두 스님의 끝마침에 대해서는 다 자세히 듣지 못했다.

지명(智明)

승려 지명은 신라 사람이다. 신비롭게 아는 능력[神解]이 남보다 뛰어났으며, 행하고 그침이 법도에 맞았다. 안으로는 비밀스러운 수행[密行]을 쌓으면서도 남의 덕을 찬양했다. 남의 잘못은 끌어당겨 자기 것으로 하고, 옳은 것은 희사하여 남에게 주었다. 온화하고 의기가 높아[顒顒昻昻] 그 행동에 볼 만한 것이 있었다.

불교가 해동에 전해질 때, 처음에는 크게 성하지 못했다. 그러나 뛰어난 분들이 간간이 나와 팔뚝을 걷어붙이고 활동했다. 혹은 스스로 깨달아 능력을 발휘하고, 혹은 멀리 가서 구하기 위해 탈것을 준비했다. 이에 서쪽으로 중국에 들어갔고, 포참[83]이 되어 돌아오는 사람들이 끊임없이 이어졌다.

스님은 진평왕 7년(585) 가을 7월에 나루터를 묻는[問津][84] 빠른 길을 찾고자, 진나라에 들어가 법을 구했다. 진

83) 포참(飽參) : 깨달음이 충분하여 더 이상 스승을 찾아가 물을 것이 없는 경지에 오른 스님을 말한다.

84) 문진(問津) : 공자가 세상을 피해 살아가던 장저와 걸익에게 나루

실로 도가 있고 명성이 있는 분이라면 다 찾아다니면서 물었고, 깊은 경지에 이르게 되었다. 훌쩍 한번 떠난 것이 어느새 10년, 학문은 이미 진수를 얻었고 마음은 세상의 어둠을 밝히는 등불[法燈]을 전하려는 데 간절했다.

진평왕 24년(602) 9월에 사신을 따라 귀국했다. 왕은 그의 덕망과 인품을 흠모하고 공경했으며, 계율을 추앙하고 귀중히 여겨 대덕[85]으로 포상했다. 스님은 기상이 숭화의 산처럼 우뚝 솟았고, 도량은 바다를 머금은 듯 넓었다. 지혜의 달[慧月]로써 비추고 덕행의 바람[德風]으로써 떨치니, 승려와 속인들의 규범이 되고 교훈이 되었다. 뒤에 '대대덕'이 되어 높은 자리에 있었으나 마친 곳은 알 수가 없다.

처음에 스님이 진나라에 들어간 뒤 5년째(진평왕 11년, 589)에 원광 법사가 진나라로 들어갔다. 18년에 담육이 수나라에 들어갔으며, 27년에 사신 혜문을 따라 함께 돌

터를 물었다는 고사에서 유래했다. 문진은 '이상적인 길을 찾는다', 또는 '사람이 살아가는 올바른 도를 구하기 위해 스승에게 묻고 배운다'는 뜻이다(《논어》 제18편 〈미자〉).

85) 대덕(大德) : 덕이 높은 스님을 칭하는 존칭이기도 하며, 승려들의 관직을 말하기도 한다.

아왔다. 담육은 지명은 모두 높은 덕으로써 당대에 이름을 드러냈으며, 그 아름다운 진실로 서로 높고 낮음이 없었다.

찬하여 말한다.

계찰은 주나라의 왕실에서 음악을 들었고,[86] 중니(공자)는 노담(노자)에게 예를 물었다.[87] 이분들이 처음으로 배운 것이 아니라 원래 근본이 있음을 보인 것이다. 각덕과 지명 같은 분들이 중국을 왕래하면서 도를 묻고 돌아왔으니, 이 또한 사람은 다르지만 돌아간 길은 같은 것이 아니겠는가?

---

86) 계찰관악(季札觀樂) : 오나라(강소성 소주 일대)는 계찰을 노나라에 보내어 주나라의 음악을 청해서 듣게 했다(《사기》 〈권31 오태백세가1〉). 계찰은 춘추시대 오나라 왕 수몽의 넷째 아들이며 매우 현명했고 신의를 중시했다.

87) 중니문례(仲尼問禮) : 공자는 제자 남궁경숙과 함께 주나라에 들어가 노자에게 예에 대하여 물어보았다(《사기》 〈권47 공자세가17〉). 노자는 주나라에서 도서·문서를 관리하는 벼슬을 하면서 예를 알고 문장이 뛰어났기 때문에 공자가 그를 찾아가 예에 대해서 물었던 것이다.

원광(圓光)

승려 원광은 성씨는 설씨, 혹은 박씨라고도 한다.[88] 신라 왕경(서울) 사람이며, 13세에 머리를 깎고 승려가 되었다(《속고승전》에는 당나라에 들어가 머리를 깎았다고 한다). 신비한 기량은 크고 넓었으며 밝은 지혜는 남보다 뛰어났다. 도교와 유교를 섭렵했으며, 어지럽고 시끄러운 곳을 싫어했다.

30세에 삼기산[89]에 은거했다. 어느 중이 근처에 와서 난야[90]를 짓고 수도했다. 스님이 밤에 불경을 외우고 있었는데, 어떤 신(神)이 부르며 말했다.

"잘도 하십니다! 수행하는 이가 많지만 법사보다 뛰어난 이는 없습니다. 지금 저 중은 주술을 닦고 있지만, 당신의 깨끗한 생각을 괴롭히고 내가 가는 길에 장애가 될 뿐 아무 소득이 없습니다. 매번 지날 때마다 몇 번이나 나쁜

---

88) 성씨가 두 개인 경우는 아버지와 어머니 성을 각각 따랐기 때문이라고 한다.

89) 삼기산(三岐山) : 경상북도 경주 안강 서남쪽에 있는 산.

90) 난야(蘭若) : 고요한 곳이라는 뜻으로, 절의 다른 말이다.

마음을 내기도 했습니다. 바라옵건대 스님은 중을 타일러 다른 곳으로 옮겨 가게 해주십시오. 만일 그가 따르지 않고 머무른다면 반드시 근심이 있을 것입니다."

이튿날 아침에 스님은 그 중에게 가서 말하기를, "거처를 옮겨서 해를 피하십시오. 그렇지 않으면 장차 불리한 일이 생길 것입니다"라고 했다. 중은 대답하기를, "지극한 수행에는 마귀의 방해가 있는 법입니다. 어찌 요망스런 귀신의 말을 걱정하겠습니까?"라고 했다.

그날 밤에 신이 와서 중의 대답을 물었다. 스님은 신의 노여움이 두려워서 거짓말로 말하기를, "아직 말하지 않았습니다만, 어찌 감히 듣지 않겠습니까?"라고 했다. 신이 말하기를, "내가 이미 그의 마음을 다 알고 있으니 우선 가만히 두고 보십시오?"라고 했다. 밤이 되니 우레 같은 소리가 진동했다.

날이 밝자 그곳에 가보았더니 산이 무너져 난야를 덮고 있었다. 신이 와서 자신의 한 일을 증명하며 말하기를, "나는 몇 천 년을 살아왔으며 위엄과 변화가 위대한데 이런 일이 어찌 괴이하겠습니까?"라고 했다. 이내 타이르며 말하기를, "지금 스님은 자신을 이롭게는 하지만 남을 이롭게 하지는 못하고 있습니다. 왜 중국에 들어가 법을 얻어 후학들에게 전하지 않습니까?"라고 했다. 스님은 말하기를, "중국에 가서 도를 배우는 것은 소원이나, 바다와 육지가 멀리 막혀 있으므로 스스로 가지 못할 뿐입니다"라고 했다. 이에 신이 중국 유학에 대한 일을 자세히 일러주었다.

진평왕 11년(589) 봄 3월, 마침내 진나라로 들어가 불법을 강의하는 곳을 두루 찾아다니면서 하찮은 말까지도 받아 적었다. 《성실론》, 《열반경》과 삼장[91]의 여러 가지 논(論)을 전해 받았다. 다시 옛날 오나라 땅의 호구산에 들어가 생각을 푸른 하늘에 두고 속세를 아주 떠나려고 했다. 그러나 신자들의 요청에 의해 마침내 《성실론》을 강의하게 되었고, 무언가 이루어지기를 바라는 마음으로 이익을 청하는 사람들이 마치 물고기 비늘처럼 서로 잇달았다.

마침 수나라 군사들이 양도[92]에 쳐들어왔다. 수나라 군 대장이 탑이 불타는 것을 보고 그것을 구하려고 갔는데, 스님이 묶인 채 탑 앞에 있을 뿐이었다. 고소장[告狀]도 없었고, 괴이하게 여겨 풀어 놓아주었다. 개황연간

---

91) 삼장(三藏) : 세 가지 불서(佛書)를 통틀어 이르는 말. 경장, 율장, 논장이다. 삼장에 능통한 스님을 삼장 법사라고 한다.

92) 양도(揚都) : 진나라의 수도였던 양주(揚州), 지금의 남경이다.

(581~600)에 섭론종[93]이 처음 일어나자, 오묘한 글과 말을 받들어 간직하여 이름을 수나라 서울에까지 드날렸다.

커다란 업적이 이미 정묘하게 되자, 그 도를 해동에 계승해야겠다고 생각했다. 본국에서 중국으로 글을 보내었고, 황제의 칙령으로 돌아가게 했다. 진평왕 22년(600)에 본국의 사신 제부[94]·횡천을 따라 돌아오게 되었다. 갑자기 바다 속에서 이상한 사람이 나와 절을 하고 부탁하기를, "원컨대 스님은 저희들을 위해 절을 짓고 진리를 강의하여 좋은 과보를 얻도록 하여 주십시오"라고 하자, 스님은 승낙했다. 스님이 여러 해 만에 돌아오니 늙은이나 아이들이 모두 기뻐했으며, 왕 또한 공경하여 마치 부처님처럼 우러러 모셨다.

드디어 삼기산 옛 거처로 돌아왔다. 밤중에 그 신도 와서 어떻게 다녀왔는지 물었다. 감사하며 말하기를, "당신

---

93) 섭론종(攝論宗) : 중국 불교 13종의 하나. 인도 무착(無着, 310~390?)이 지은 《섭대승론》을 근본 성전으로 하는 종파. 현장의 제자 규기 때에 와서 법상종에 포섭되었다. 《섭대승론》은 무착이 당시까지의 대승불교 교학을 요령 있게 정리한 것이며, 유식학을 공부하는 데 가장 근본이 되는 책이다.

94) 《삼국사기》에는 제문이라고 했다.

의 은혜로운 보호에 힘입어 모든 일이 원대로 되었습니다" 라고 했다. 신은 말하기를, "나는 본래부터 당신을 떠나지 않고 보호하고 있었습니다. 또 스님은 해룡과 절을 짓기로 약속했는데 그 용도 지금 함께 와 있습니다"라고 했다. 스님이 묻기를, "어느 곳에 절을 지으면 좋겠습니까?"라고 했더니, 신이 대답하기를, "저 운문산에 까치들이 쪼아놓은 땅이 있을 것이니 거기가 바로 그곳입니다"라고 했다. 이튿날 아침에 스님과 신과 용이 함께 나갔다. 과연 그 자리를 발견하고 땅을 팠더니 석탑의 흔적이 나왔다. 바로 절을 짓고 이름을 '운문'이라 하고 거기 머물렀다.

어느 날 신이 와서 말하기를, "나는 죽을 날이 멀지 않았으니 보살계를 받아 저승길의 노자로 삼게 하여주시기 바랍니다"라고 했다. 스님은 이에 보살계를 주고, 그로 인해 세세로 서로 구제하겠다는 맹세를 했다. 신은 말하기를, "비록 이 몸은 있으나 무상을 면하지 못합니다. 모일 모처에서 죽을 것이니 그날 오셔서 이별하시기 바랍니다" 라고 했다. 스님은 그때를 맞추어 가보았더니 한 마리 털 빠진 검은 살쾡이95)가 헐떡이면서 죽어가고 있었다. 바로

95) 《삼국유사》에는 늙은 여우라고 했다.

그 신이었다.

서해의 용녀가 항상 스님을 따라다니며 강의를 들었다. 마침 큰 가뭄이 들자, 스님은 말하기를, "네가 비를 내려주면 다행이겠구나"라고 했다. 대답하기를, "상제께서 허락하지 않으십니다. 만일 제가 함부로 비를 내리게 하면 반드시 하늘의 벌을 받게 될 것입니다"라고 했다. 스님이 말하기를, "내 힘으로 능히 면하게 해주리라"라고 했다. 갑자기 남산에 아침 무지개가 생기더니 식전 내내 비가 내렸다. 그때 하늘에서 천둥소리가 진동했다. 스님은 용녀를 책상 밑에 숨기고 경전을 강의했다. 천사가 와서 말하기를, "저는 상제의 명령을 받고 왔습니다. 스님이 죄 짓고 도망 온 자를 보호하고 계시므로 명령을 수행할 수가 없으니 어쩌면 좋겠습니까?"라고 했다. 스님은 뜰 안에 있는 배나무를 가리키면서 말하기를, "그것이 변해 저 나무가 되었으니 그대는 저것을 때리시오"라고 했다. 천사는 배나무를 치고 떠났다. 용녀는 곧 나와서 사례하고, 손을 펴서 나무를 어루만지니 나무가 다시 살아났다.

진평왕 30년(608), 왕은 고구려가 자주 침범하는 것을 걱정하여 수나라에 군사를 청해 고구려를 치려고 했다. 그리하여 스님에게 군사를 청하는 글을 짓게 했다. 스님은 말하기를, "자신이 살기 위해 남을 멸하는 것은 승려가

할 일이 아닙니다. 그러나 제가 대왕의 땅에 살고 있고, 대왕의 옷과 밥을 쓰고 있으니, 감히 그 명령을 따르지 않겠습니까?"라 하고 곧 글을 지어 올렸다.

스님은 욕심이 없었으나 여유가 있었으며, 정이 많아 두루 사랑했다. 말을 할 때에는 늘 웃음을 띠고 결코 성낸 빛을 보이지 않았다. 사람들의 근기에 맞게 교화했고, 후대에까지 모범을 남겼다. 35년(613)에 황룡사에서 백좌회[96]를 베풀고 복전을 맞아들여 경전을 강의할 때에 스님이 그 우두머리가 되었으며, 항상 가실사[97]에 머물면서 불교의 진리를 강의했다.

사량부(沙梁部)의 귀산(貴山)과 추항(箒項)이 스님에게 공손히 말하기를, "세속의 선비가 어리석고 유치하여 아는 바가 없습니다. 바라옵건대 한 말씀 해주시면 죽을 때까지 계명으로 삼겠습니다"라고 했다. 스님이 말하기

96) 백좌회(百座會) : 백고좌법회라고도 한다. 100분의 부처와 보살·승려를 모셔놓고 《인왕반야바라밀다경》을 읽으며, 내란과 외환 등의 악운을 물리치고 왕실과 국가 안전을 기원하기 위하여 행한 법회였다. 《삼국사기》에는 "가을 7월에 수나라의 사신 왕세의(王世儀)가 오니, 황룡사에서 백좌도량(百座道場)을 설치하여 원광 등을 불러 불경을 강의했다"라고 했다.

97) 가실사 : 지금의 경상북도 청도 부근에 있었던 절이다.

를, "불교에는 보살계가 있으며, 그 종류는 열 가지[98]가 있다. 그대들은 남의 신하이고 자식이니 행하지 못할 것이다. 지금 세속에 5계가 있으니, 첫째, 충성으로써 임금을 섬기는 것이요, 둘째, 효도로써 어버이를 섬기는 것이요, 셋째, 신의로써 벗을 사귀는 것이요, 넷째, 싸움에 임하여 물러서지 않는 것이요, 다섯째, 생물을 죽이되 가려서 하는 것이다. 너희들은 이것을 실행하는 데 소홀히 하지 말라"라고 했다. 귀산은 말하기를, "다른 것은 이미 잘 알겠으나, 생물을 죽이는 데 가려서 하라는 뜻은 잘 모르겠습니다"라고 했다. 스님은 이르기를, "봄과 여름철 및 육재일[99]에 살생을 하지 않는다는 것은 때를 가리는 것이요, 부리는 짐승을 죽이지 않는다는 것은 소·말·닭·개를

98) 대승의 보살들이 받아 지켜야 할 계율. 10계는 다음과 같다. ① 살생하지 마라. ② 도둑질하지 마라. ③ 간음하지 마라. ④ 거짓말하지 마라. ⑤쓸데없이 말을 꾸미지 마라. ⑥욕을 하지 마라. ⑦ 이간질하는 말을 하지 마라. ⑧ 탐욕하지 마라. ⑨ 성내지 마라. ⑩삿된 견해를 갖지 마라.

99) 육재일(六齋日) : 불교에서 매월 재계하는 여섯 날. 《대품반야경》을 보면, 매월 8일·14일·15일·23일·29일·30일의 여섯 날에는 사천왕이 사람의 선악을 살피는 날이기 때문에 사람마다 몸을 조심하고 마음을 깨끗이 하여 계를 지켜야 한다고 한다.

말하는 것이고, 작은 생물을 죽이지 않는다는 것은 고기가 한입도 안 되는 것을 말하는 것이니, 이것이 생물을 가리는 것이다. 또한 필요한 만큼만 하고 많이 죽여서는 안 된다"라고 했다. 귀산 등은 그것을 지켜 깨뜨리지 않았다.

국왕이 병환이 났다. 의원들이 치료해도 낫지 않으므로 스님에게 설법을 부탁했다. 스님을 궁중에 모셔놓고 경전을 강의하게 하기도 하고, 법을 설하게 하기도 했다. 왕은 성심으로 믿고 받들었고, 병환은 곧 나았다.

스님은 나이가 이미 많았으므로 가마를 타고 궁중에 드나들었으며, 의복과 탕약은 모두 왕이 손수 마련했다. 왕이 보시하는 재물은 절을 운영하는 데 충당했고, 남은 것은 고작 가사와 바리때뿐이었다. 건복 58년(641)에 병환이 난 지 7일 만에 맑고 간절한 마지막 교훈을 남기고 단정히 앉아 세상을 마쳤다. 장례의 도구와 의식은 왕의 장례와 같이 했다. 춘추는 99세였으니, 곧 당나라 정관 4년(630)이었다.[100)]

수제자 원안(圓安)도 신라 사람이다. 정신이 지혜롭고 바탕이 총명하며, 성품은 유람을 좋아하여 조용한 곳에서

100) 641년에 입적했으니, 정관 15년이 옳다. 《삼국유사》에서 일연은 정관 14년(640)이 맞는 것이라고 했다.

도를 구하기를 우러러 사모했다. 마침내 북쪽으로는 구도[101]로 갔으며, 동쪽으로는 불내[102]를 보았고, 또 서연 · 북위[103] 지역을 여행했다. 후에 당나라 서울 장안으로 가서 지방의 풍속을 통달하고, 모든 경론을 찾아내어 그 개요를 섭렵하고 미묘한 뜻까지도 환히 알게 되었으며, 높이 원광의 뒤를 계승했다. 도가 높다는 소문이 나자 특진 소우[104]가 황제에게 청하여 남전(藍田) 땅에 지은 진량사(津梁寺)에 살게 하고, 의복 · 음식 · 침구 · 탕약 등 사사(四事)를 공급했다. 그가 마친 곳은 알지 못한다.

찬하여 말한다. 옛날에 원공[105]은 세속의 경전을 버

---

101) 구도(九都) : 고구려의 수도 '환도(丸都)'의 오기이며, 중국 길림성 집안시 일대를 말한다.

102) 불내(不耐) : 동예에 속한 현으로 지금의 함경남도 안변 지방을 말한다.

103) 지금의 하북성 · 산서성 일대를 말한다. 서연과 북위는 4세기말 5호16국 시대에 선비족이 세운 나라들이다. 서연(384~395)은 후연에게 멸망했고, 북위(386~534)는 후연을 멸망시키고 하북 지방을 장악했다.

104) 소우(蕭瑀, 574~647) : 당나라 태종 때 동중서문하삼품에 임명되었고, 특진(特進) 벼슬을 더 받았다.

리지 않고, 강론할 때 노자 · 장자의 서적들을 인용하여 깊고 미묘한 뜻을 깨닫게 했다. 원광이 가르친 세속의 계율은 불교와 다른 학문에 통한 것으로 사람의 근기에 따라 설법한 모범이라 할 수 있다. 또 천신을 감동시키고 천사를 돌려보냈으니 그의 도를 닦아서 얻은 힘을 가히 짐작할 만하다.

---

105) 원공(遠公) : 여산 혜원(334~416)을 말한다. 강소성 여산 동림사에서 백련사(白蓮社)라는 결사를 만들었으며, 정토종의 시조가 되었다.

안함(安含)

승려 안함은 속성은 김씨, 이찬 시부의 손자다. 나면서부터 도리를 깨우쳐 알았고, 성품은 텅 빈 듯이 아무런 걸림이 없었다. 의연하고 깊고 아름다운 마음은 헤아릴 수가 없었다. 일찍부터 세상을 돌아다니는 것에 뜻을 두어, 풍속을 살펴보고 널리 교화했다.

진평왕 22년(600)에 고승 혜숙[106]과 친구가 되기를 약속하고, 뗏목을 타고 이포진(위치 미상)으로 가는 도중 섭도(위치 미상) 아래를 지나다가 갑자기 풍랑을 만나 뗏목을 되돌렸다. 이듬해(601) 왕의 교지가 있었는데, 법기(法器)를 이룰 만한 자를 선발하여 중국에서 공부하게 한다는 것이었다. 마침내 법사에게 명하여 구법행을 허락했다. 이에 사신과 함께 배를 타고 멀리 중국의 조정으로 갔다.

천왕(수나라 문제)이 불러 보고 매우 기뻐하며, 칙명으로 대흥성사[107]에 머물게 했다. 한 달여 만에 깊은 뜻을

---

106) 혜숙 : 신라 시대의 고승. 신라 10성 중 하나이며, 불교의 대중화에 많은 역할을 했다.

환히 깨달았다. 열 개의 역이나 되는 길을 하루 낮에 갔다 오고, 천리나 되는 땅을 하룻밤 사이에 오르내렸다. 십승 비법[108]과《법화현의》[109]의 진실한 문장을 5년 동안 두루 보지 않은 것이 없었다. 그 뒤 27년(605)에 우전국[110]의 사문 비마진제(미상)와 사문 농가타(미상) 등과 함께 돌아왔으니, 서역의 승려가 직접 계림(신라)으로 온 것은 이때부터였다.

최치원이 지은 〈의상전〉에는, "동방의 성인 안홍 법사가 서역 승려 3명, 중국 승려 2명과 함께 당나라에서 돌아왔다"라고 했다. 풀이하여 말하기를, "북천축 오장국의 비

---

107) 대흥성사(大興聖寺) : 당나라 태종 때(628) 건립된 절이다. 그러나 안함이 601년에 중국에 들어갔으므로, 수나라 문제 2년(582)에 건립된 대흥선사(大興善寺)가 아닐까 한다.

108) 십승 비법(十乘秘法) : 십승이란 깨달음으로 이끌어주는 10가지 수레를 말한다. 중국 천태종을 세운 지의(538~579)의 강의 내용을 모아놓은《마하지관》에 나오는 10종의 관법을 말한다. 십승에는 다시 그 각각에 대해 십승 관법이 형성되며, 모두 100가지 관법이 있다.

109) 법화현의(法華玄義) : 지의가《법화경》의 요지를 추려 지은 책이다.

110) 우전국(于闐國) : 코탄국이라고도 하며, 지금의 신장 위구르 자치구의 화전현 일대에 있었던 나라다. 우전국은 동서 문화가 거치는 교통의 요지로 불교가 매우 성행했던 곳이다.

마라진제는 44세, 농가타는 46세, 마두라국의 불타승가는 46세였다. 52개의 나라를 지나 중국에 이르렀고, 마침내 해동으로 왔다. 황룡사에 머물면서 《전단향화성광묘녀경》을 번역했고, 신라 승려 담화가 받아썼다. 얼마 안 되어 중국 승려들은 중국으로 돌아가게 해주기를 청하므로 왕은 허락해 보내었다"라고 했으니, 안홍이란 아마 안함 화상일 것이다.

〈신라본기〉를 살펴보면, "진흥왕 37년(576)에 안홍이 진나라에 들어가 법을 구하고, 서역 승려 비마라 등 두 사람과 함께 돌아왔으며, 《능가경》, 《승만경》과 부처님 사리를 바쳤다"라고 했다. 어쩌면 안함과 안홍은 실제로 두 사람이었는지도 모른다. 그러나 그들이 동행한 삼장이 다르지 않고, 이름도 다르지 않으므로 여기 합해서 전기를 만든다. 또한 서역국 삼장이 가고 머물고 입적한 것은 상세하지 않다.

화상은 돌아온 뒤 참서(예언서) 한 권을 지었다. 활자가 흩어져 있어 만든 사람을 알기 어렵고, 뜻이 깊이 숨겨 있어 연구하기 어려웠다. 이것은 모두 생각하지 못했던 일들을 예언한 것이었는데, 법사는 눈으로 본 것처럼 조금도 어긋남이 없었다.

선덕왕 9년(640) 9월 23일에 만선도량에서 입적하니 향년 62세였다. 그달에 사신이 중국에서 돌아오다가 우연히 법사를 만났는데, 법사가 푸른 물결 위에 자리를 펴고 앉아 서쪽을 향해 갔다고 한다. 한림원 학사 설모씨가 왕명을 받들어 그의 비문을 지었다.

찬하여 말한다.
스님의 신통과 해탈은 자재로우니 어찌 그것을 글이나 말로써 형용할 수 있겠는가. 처음으로 서역의 삼장과 함께 손수 진리의 근원을 나누어, 법의 나발을 불고 법의 비를 내려 바다 구석을 적시듯이 참으로 법을 넓게 편 성인이었다. 글자를 세 번 옮겨 적으니 '烏(까마귀 오)'자가 '馬(말 마)'자로 되었다. 나는 함과 홍 두 글자에 착오가 있었음을 의심한다.

아리야발마(阿離耶跋摩)

승려 아리야발마는 신령스러운 지혜를 홀로 깨쳤으며, 생김새가 보통 사람과 달랐다. 신라에서 중국으로 들어가 스승을 찾아 이익(진리)을 청할 때에 아무리 멀어도 찾아가지 않은 곳이 없었다. 깊은 골짜기를 내려다보며 쉬거나 모든 하늘을 업신여기며 다다랐다. 당시의 규범이 되고자 했으며, 또한 미래에 수행자들의 나루[陶津]가 되고자 했다. 그 뜻은 다니며 살피는 데 간절하여 멀리 가는 것을 꺼려하지 않았다. 드디어 법을 구하여 서인도로 떠났다. 멀리 총령[111]에 오르고, 신기하고 뛰어난 곳을 찾아서 살폈다. 부처님의 자취를 두루 살펴 오랜 소원을 이루었고, 돈과 식량이 떨어져 곧 나란타사[112]에 머물렀다. 얼마 안 되어 세상을 떠났다.[113]

---

111) 총령(葱嶺) : 파미르 고원을 말하며, 파와 비슷한 풀만이 자란다고 하여 총령이라고 했다.

112) 나란타사(那爛陀寺) : 중인도 마갈타국 왕사성의 북쪽에 있던 절. 서기 405년 이후에 지은 것으로 7세기 초에 당나라의 현장이 인도에 유학할 무렵에는 인도 불교의 중심지였다.

그때 고승 혜업이 보리사에 머물렀고, 현각 · 현조가 대각사에 왔었다. 위의 네 사람은 다 정관년(627~649) 중에 천축에서 활동했다. 그들은 모두 훌륭한 인연[勝因]을 심어서 부처의 종자[釋種]를 풍부히 하려고 고국을 떠나 천축의 풍속을 살펴보았다. 훌륭한 이름[茂譽]을 동서에 떨치고 큰 복덕[鴻休]을 무궁히 남겼으니, 마음이 크고 뛰어난 사람이 아니면 어찌 그렇게 행동할 수 있었겠는가? 현장 삼장과 같은 시기에 서역으로 간 듯하나 어느 해인지는 알지 못한다.

---

113) 의정의 《대당서역구법고승전》에도 그의 전기가 전한다. 그는 아리나발마라고도 하며, 나란타사에서 율장과 논장을 열람하고 패엽(다라수의 잎)에 베껴 썼고, 70세가 넘어 죽었다고 한다.

혜업(慧業)

승려 혜업은 기량은 매우 깊고, 기운은 굳세고 넓었다. 높은 바위 같은 얼굴과 거동에, 깎은 듯한 풍채와 골격을 가지고 있었다. 변방의 나라를 하직하고 곧바로 중국으로 들어갔다. 정관년 중에 서역을 여행하면서 광활한 사막을 건너고 설산의 험악한 봉우리에도 올랐다.

맑고 밝은 새벽이 열릴 때는 깊은 숲 속에 들어가고, 밝은 달이 하늘에 잠기면 먼 길을 떠났다. 불법을 따르기 위해 목숨을 가볍게 여겼으며, 뜻은 불교를 널리 펴기에 간절했다. 마침내 보리사로 가서 성인의 자취를 보고 예배했다.

또 나란타사에서 석존의 발자취에 의지하여, 참으로 오랜만에 거기에 머물러 있으면서 《정명경》을 청하여 읽었다. 그리고 당나라의 번역본과 대조하면서 속뜻을 모두 꿰뚫었다. 《양론》 하단의 기록에 '불치나무 아래에서 신라 스님 혜업 베껴씀'이라 했고, 《대당서역구법고승전》에 말하기를, "혜업이 이 절에서 입적하니 나이는 60세쯤이었다. 그가 쓴 범본은 모두 나란타사에 있다"라고 했다.

혜륜(慧輪)

승려 혜륜은 신라 사람으로 법명은 반야발마다(당나라에서는 혜신이라 한다). 출가한 뒤로 마음을 성스러운 지역(인도)에 두어, 배를 띄워 민월(지금의 복건성)을 건너, 걸어서 장안에 이르렀다. 추위와 더위를 모두 받고 어려움과 위험을 다 겪었다.

칙명을 받들어 현조 법사를 따라 서쪽으로 갈 때는 정성으로 모시며, 위험한 곳에는 사다리를 설치했다. 서역에 가서는 기이한 자취를 두루 찾아 예배하고, 암마라파국의 신자사에서 10년 동안 머물렀고, 가까운 동쪽에 있는 건타라 산다사에 머물렀다. 그 절은 재산과 물자가 풍부하고 공양과 시설이 부족한 것이 없었다. 북방의 서역승으로서 왕래하는 자는 모두 이 절에 머물렀으니 마치 벌떼처럼 운집하여 각기 법문을 닦았다.

혜륜은 이미 범어를 잘하여 열심히 《구사론》을 공부했다. [의정삼장이 그 절을] 방문했을 때는 아직 건재해 있었으며, 나이는 40세에 가까웠다. 자세한 것은 의정 삼장의 《대당서역구법고승전》 가운데 있는 것과 같다.

현각(玄恪)

승려 현각은 신라 사람이다. 듬직하고 꼿꼿했으며, 통찰력을 갖추고 있었다. 강설하기를 좋아하여 사람들을 근기에 따라 감응시켰으므로 당시의 사람들은 그를 가리켜 불 속의 부용(연꽃)이라 했다.

늘 변방에 태어나 중국을 보지 못하는 것을 한탄하다가 마침내 배를 타고 중국에 이르렀다. 동쪽 서울을 둘러보고 마침내 서쪽을 향해 웃음을 머금었지만[114] 마음속으로는 중도에 멈춤을 부끄러워했다. 뜻은 여러 스승을 찾아다니는 데 두었으므로 마치 달이 가듯 밤낮으로 발길이 닿는 대로 갔다. 혹은 사방을 가로막은 층암절벽을 새의 길을 따라 구름처럼 건너고, 혹은 잇단 천 리의 얼음길을 가며 바람 따라 구름 위에 눕기도 했다. 마침내 현조 법사와 함께 대각사에 이르렀다. 책을 쌓아놓고 깊이 연구하

---

114) 서소(西笑) : '서쪽을 향해 웃는다'라는 것은 원래 '서소지심(西笑之心)'이라 하여 중국에 들어가 불법을 공부하고자 하는 마음을 뜻한다(봉화군 태자사 낭공 대사 백월서운탑비 참조). 그러나 여기에서는 이미 중국에 들어가 둘러보았으니 그 유학의 꿈을 이루었다는 뜻이다.

니, 옥을 다듬어 그릇을 만드는 듯했다. 나이 40세 지나서 병이 들어 죽었다.

현조도 또한 신라의 고명한 법사였다. 현각과 함께 같은 과정으로 처음과 끝이 같은 도를 닦았으나 그가 마친 바를 알 수 없다. 또한 신라의 승려 두 사람이 있었는데, 그들의 이름은 알 수 없다. 그들은 장안에서 출발하여 배를 타고 실리불서국에 갔다가 병에 걸려 모두 죽었다.

현유(玄遊)

승려 현유는 고구려 사람이다. 남들과 어울리는 성격으로 욕심이 없고, 융통성이 있었으며[虛融], 타고난 자질은 부드럽고 고상했다. 마음은 두 가지 이익[115]에 두고, 뜻은 도를 물어 구함을 중히 여겨 잔을 타고 물을 거슬러 올라가기도 하고, 깊은 골짜기에 집을 짓기도 했다. 당나라에 들어가 승철 선사를 예로써 섬기고, 옷을 걷어 올리고 불교의 깊은 뜻을 물었다.

승철은 성인의 자취를 사모하여 배를 타고 서역으로 갔다. 인연을 따라 교화했으며, 성지를 순례하고 동인도로 돌아왔다. 늘 고승들을 따라다녔으며, 그리하여 그곳에 머물렀다. 지혜의 횃불[慧炬]은 이미 밝았고, 선의 가지[禪枝]도 일찍부터 무성하여 끝까지 궁구하여 마음을 채웠다. 빈 것으로 갔다가 열매를 맺어 돌아오니 실로 불가(佛家)의 대들보요, 승려들 가운데 우두머리라 하겠다.

---

115) 이리(二利) : 두 가지 이익이란 자리(自利)와 이타(利他)를 말한다. 자리란 깨달음을 구하는 것이고, 이타란 중생을 교화한다는 것이다.

의정 삼장은 현유가 어려서부터 법을 사모하는 뜻이 굳음을 칭찬했다. 이미 중국에서 구법의 정성을 다하다가, 다시 인도에서 법을 청했다. 다시금 중국으로 갈 뜻을 품었지만 중생들을 위해 그곳에 머무르면서 10법을 널리 알렸으니, 세월이 지났어도 그의 명성은 잊혀지지 않았다. 비록 고국으로 돌아오지 못했지만 그 공명은 이와 같이 뛰어났으니 어찌 이름을 대나무와 비단에 적어 세상에 보이지 않겠는가? 그러므로 의정은 마침내 《대당서역구법고승전》을 지은 것이다. 내가 우연히 대장경을 열람하다가 여기에 이르러 지극한 마음으로 우러러 사모하게 되었으므로 드디어 이것들을 뽑아 쓰는 것이다.

현대범(玄大梵)

승려 현태는 신라 사람으로서, 인도의 이름은 '살바신야제바'다(당나라에서는 일체지천이라 했다). 어려서부터 생각에 잠기길 좋아했으며, 성인의 모습이 있었다.

일찍이 배를 타고 당나라에 가서 미세한 이치를 연구해 밝혔다. 고종 영휘 연중(650~655)에 마침내 중인도로 가서 보리수에 예배하고, 사자처럼 돌아다니면서 도를 함께 닦을 친구를 구하지 않았다. 아무리 어렵고 위험하더라도 풍토를 두루 보고자 했지만, 능히 다 볼 수는 없었다. 결국 그는 대각사에 머물면서 경론을 자세히 검토하고 지방 풍속을 널리 살폈다. 그 뒤에 중국으로 돌아와 법의 교화를 널리 펴니 숨은 공적이 이에 나타났다. 그의 성공은 높고도 장하다.

찬하여 말한다. 이상의 몇 사람은 아득한 옛날 우리나라에서 바로 중화로 들어가 법현·현장의 뛰어난 자취를 좇았다. 그러다가 사막 지방을 왕래함을 마치 자기 마을 길처럼 여겼으니, 장건이나 소무[116]에 견줄 만하다.

116) 장건(張騫)·소무(蘇武) : 한나라 무제 때 흉노국에 사신으로 파견되었다가 억류되어 오랜 기간이 지나 본국으로 돌아온 인물들이다. 장건은 한 무제의 친서를 가지고 흉노국을 거쳐 대월지국에 사신으로 갔다가 돌아오는 길에 흉노에게 잡혀 10여 년 만에 장안으로 돌아왔다. 소무는 흉노국에 사신으로 갔다가 억류되어 19년 만에 돌아왔다.

해설

화랑과 승려들의 이야기

한국 문화는 '유불도' 3교의 자양분을 토대로 1500년 이상을 이어왔다. 유교 · 불교 · 도교는 우리들의 내면 깊숙이 흐르고 있다. 유불도 3교는 모두 다른 나라에서 들어온 것이었지만, 우리의 환경과 정서에 맞게 변화를 거치면서 우리 것으로 자리를 잡아갔다. 신라에는 3교를 포함한 풍류도(風流道), 즉 선교(仙敎)라는 것이 있어 사람들을 교화시켰다. 집안에서 효도하고 나라에 충성함은 유교의 가르침이고, 자연 그대로 행하고 말 없는 가르침을 행함은 도교의 주장이며, 모든 악한 짓을 하지 말고 착한 일만 받들어 행함은 불교의 교화였다. 선교를 따르는 무리들을 화랑이라고 불렀으며, 그들의 이야기는 《화랑세기》에 전한다.

선교만큼이나 고대인들의 삶에 많은 영향을 끼친 것이 불교였다. 불교에서는 불보 · 법보 · 승보 등 3보를 가장 중요시한다. 이들 가운데 승보, 즉 부처와 경전을 모두 배우고 따르는 승려들을 살펴봄으로써 고대의 불교문화를 이해할 수 있다. 승려들의 전기로는 김대문이 지은《고승전》이 있었다고 전하나, 현재 남아 있지 않다. 다만 고려시대에 각훈이 편찬한《해동고승전》이 전하고 있다. 따라서 화랑과 승려의 삶과 신앙은《화랑세기》와《해동고승전》을 통해 살필 수 있으며, 한국 문화의 이해에 좀 더 다가설 수 있을 것이다.

현재《화랑세기》와《해동고승전》은 모두 원본이 남아 있지 않고, 필사본만이 전해지고 있다. 이러한 이유로 인해 이들 책들이 진본이 아닐 수 있다는 설이 대두되고 있다.

역사서인가 소설인가, 필사본《화랑세기》

7세기 말 8세기 초, 김대문이 지은《화랑세기》는 최근까지 완전히 없어진 책으로 알려져 왔다. 이 책은《삼국사기》(1145)에 인용되고 있어 이때까지 남아 있었음을 알 수 있다. 그러나 1989년과 1995년에 필사본이 발견되기 전까지 완전히 멸실된 책으로 생각되었다. 이들은 모두 동일한 책을 필사한 것으로 후자가 완본이고 전자는 후자를 요약, 발췌한 것이었다. 이들 필사본은 한학자이자 역사학자인 남당 박창화의 다른 원고들과 함께 발견되었다. 박창화(1889~1962)는 1933년 궁내성 도서료 촉탁으로 근무할 때 원본을 보고 필사한 것으로 추정되고 있다. 그는 국내외의 역사서들을 섭렵한 것으로 보이며, 이를 바탕으로 많은 글을 쓰기도 했다. 그의 유고에는 한국 고대 강역 문제와 관련된 글 외에 백제사 · 신라사 · 고려사 관련 논고들이 있으며, 《을불대왕전》 등을 비롯해 여러 편의 역사소설도 전한다. 이러한 사실은 그가 일본에서 보았음직한 원본을 현재 찾을 수 없다는 상황과 관련해 《화랑세기》가 박창화의 한문소설이라는 주장에 무게를 실어주고 있다.

필사본 《화랑세기》의 진위 논쟁은 많은 학자들에 의해 다각도로 연구되고 있으나, 아직까지 명쾌하게 일치를 보고 있지 못하다. 옮긴이는 이러한 논쟁에 뛰어들 용기가 없을뿐더러 실력 또한 일천한 관계로 여기서는 두 가지 가능성을 모두 열어두고자 한다.

1995년에 발견된 162면의 필사본 《화랑세기》는 김대문이 자신의 아버지 오기공의 저술을 이어받아 완성한 것이다. 본 책의 내용은 크게 서문 · 본문 · 발문의 세 가지 체제로 구성되어 있다.

먼저 서문에서 화랑의 역사를 기록하게 된 배경을 설

명했다. 지소 태후가 원화(源花)를 폐지하고 화랑을 설치해 국민들로 하여금 받들게 했으며, 그 무리를 풍월이라 했고, 우두머리를 풍월주라 했다고 적혀 있다. 본문에서는 1세 위화랑(魏花郎)부터 32세 신공(信功)까지 32명의 풍월주를 대상으로 하여 출생 배경과 성격, 외모, 혼인과 남녀 관계, 활동, 임명과 퇴임, 화랑도의 조직, 계파 등을 적고, 용모와 행적 등 뛰어난 부분을 찬양하는 내용의 찬을 달았으며, 특히 가족 관계와 계보를 중시하여 마지막에는 생애를 상세하게 기록했다. 그런데 26세 진공 조부터는 찬과 생애가 없고, 27세 흠돌공 조부터는 몇 세 풍월주인지도 표시하지 않고 기록 분량도 적다. 발문에서는 아버지 오기공의 유고를 자신이 이어서 기술한다는 간략한 내용을 적고 있다.

《삼국사기》를 보면, 신라 역대의 화랑은 200여 명이나 된다고 했는데, 필사본 《화랑세기》에는 540년에서 681년까지 약 140년 동안 풍월주 32명 외에 140여 명의 인물이 전한다.

풍월주의 계보뿐만 아니라 화랑의 조직과 활동, 계파에 대한 이야기가 소상하게 기록되어 있다. 특히 7세 설화랑 조를 보면, 8세 문노의 호국선(護國仙)파와 설화랑의 운상인(雲上人)파로 계파가 나뉜 것을 알 수 있다. 또 10

세 풍월주 미생 조에는 통합원류(통합파)·미실파·문노파·이화류·가야파 등 5개 파로 갈린 것이 확인된다. 이 밖에도 아랫사람의 임신한 아내를 취하는 마복자 제도, 출세를 위해 아내를 상납했다는 기록, 동성애와 근친혼 등 자유분방한 성관계는 많은 학자들의 주된 논쟁거리였다. 또한 포석정은 연회장이 아니라 왕이 제사를 지내던 곳으로 포석사가 맞는 표현이라는 사실도 확인되며, 신라 골품에는 진골 정통과 대원 신통의 구분이 있었으며, 대원 신통의 격이 낮았다고 한다. 6세 세종 편에는 미실이 지은 〈풍랑가〉라는 향가도 있어 국문학에서 많은 관심을 보이고 있다. 이러한 내용들은 기존의 사서인 《삼국사기》와 《삼국유사》에서는 찾아볼 수 없는 내용으로, 고대사 연구자들은 빈약한 자료를 보완해 줄 수 있는 획기적인 자료로 반기고 있지만, 한편으로는 모두 창작된 소설로서 역사서로 받아들일 수 없다는 견해가 팽팽히 맞서고 있다.

가장 오래된 승려들의 열전, 《해동고승전》

《해동고승전》은 1215년(고종 2년) 승려 각훈이 왕명을 받아 편찬한 책이다. 《삼국유사》(1285)에는 10여 곳에서

이 책을 인용하고 있으며, 14세기 초에 요원이 편찬한《법화영험전》에도 인용되어 있다. 이후 간혹 책 이름만 전해질 뿐 원본은 발견되지 않았다. 그러다가 1920년대 해인사 주지 이회광이 경북 성주의 사찰에서 발견해, 최남선이 창립한 조선광문회에 기증한 것을 계기로 세간에 알려지게 되었다(최남선본). 이 필사본은 지금은 전해지지 않으며, 그 책을 다시 필사한 책들만 현존하고 있다. 현재 최남선본과 일본인인 천견윤태랑(淺見倫太郎)본이 있었던 것으로 보고되고 있으며, 이들 2종의 필사본을 저본으로 한 5종이 전하고 있다.

필사본《해동고승전》은 완전한 것이 아니고 2권만 전한다. 유통편 1-1(권1)과 1-2(권2)만이 남아 있다. 권1은 삼국의 불교 전래와 그 수용에 대한 기록이고, 권2는 중국과 인도로 구법의 길을 떠났던 승려들의 기록이다. 2권에는 고승 18명 외에 17명의 승려들의 기록도 수록되어 있다. 그러나 원본은 불교 전래 초부터 각훈의 찬술 시대인 고려 고종 때까지 약 9세기 동안의 고승들을 망라했을 것으로 추정하고 있다.

현존하는《해동고승전》은 고대 불교사에 관한 몇 가지 중요한 이설을 내포하고 있다. 그 밖에도 고구려에 왔던 순도와 아도의 국적, 불멸의 연대, 신라 불교 전래설 등 우리나라 불교사에서 문제가 되는 귀중한 기록들이 적지 않다. 그러나 《삼국유사》에서는 이 고승전의 잘못된 점을 지적하면서 비판을 가하고 있다. 최근에 외국인 한국학 연구자들로부터 이 책이 1920년대에 제작된 위서라는 설이 제기되기도 했다. 그럼에도 이 고승전은 우리나라에 전하는 최고의 고승전이라는 점에서 그 가치를 인정할 수 있다. 그리고 이 책에서 참고하고 인용한 문헌들 가운데 현재 전하지 않는 것들도 있어 사학사적으로도 가치가 있다. 《기로기》, 《수이전》, 《신라국기》, 그리고 〈아도비〉, 〈난랑비〉, 〈안함비명〉 등의 비문과 최치원이 찬한 〈의상전〉 등이다.

함께 읽어야 하는 《화랑세기》와 《해동고승전》

화랑들에게 선교와 불교는 별개의 가르침이 아니라 함께 닦아야 할 도였고, 그들은 선 · 불의 융화를 위해 노력했다. 7세 설화랑은 풍월주 자리를 문노에게 물려주고 미실을 따라 영흥사로 가서 살며 후에 미륵선화라는 이름을 얻었다. 12세 풍월주 호림공은 낭도들에게 "선교와 불교는 함께 갖추어야 할 하나의 도"라고 천명하고, 원광 법사의 동생인 보리공으로부터 계를 받았으며, 천부관음을 만들어 아들 자장을 낳았던 독실한 불교 신자였다. 자장은 선덕여왕 때 대국통을 지냈던 당대 최고의 고승이었다. 21세 풍월주 선품공도 선교와 불교에 통달했으며, 22세 풍월주 양도공 또한 불교를 숭상했다고 한다.

원광은 보리공에게 말하기를, 자기는 부처가 되고 아우가 신선이 되면, 나라를 평안하게 할 수 있으리라 했다. 결국 보리공은 원광의 가르침에 따라 화랑도에 들어갔고, 그 지위를 그만둔 뒤에 불문에 들어가 형 원광을 도와 불교의 홍포에 큰 역할을 했다고 한다.

《해동고승전》에도 원광이 화랑 귀산과 추항에게 준 세속 오계의 이야기와 김양도의 두 딸이 절의 노비가 되었다는 이야기도 선교와 불교의 조화를 꾀하려 했던 사실을 알려주고 있다. 이러한 이유에서 《화랑세기》와 《해동고승전》은 같이 보아야 고전의 참맛을 느낄 수 있을 것이다.

《화랑세기》와 《해동고승전》의 진위 논쟁은 어쩌면 결론이 나지 않을지도 모른다. 이러한 주장들로 인해 위의 책들을 번역하기에 주저되는 바가 없지 않았다. 후대에 조작된 것이라면 번역해 본들 과연 무슨 의미가 있을까? 그러나 설령 모두 진본이 아니라 하더라도, 〈지식을만드는지식〉은 사서뿐만 아니라 소설 등 다양한 작품들을 소개하고 있기 때문에, 고전의 향기를 느끼기에는 충분하지 않을까 하는 소박한 용기로 번역을 하기로 했다. 전자는 화랑의 이야기요, 후자는 승려들의 이야기다. 화랑과 승려는 불가분의 관계에 있었으며, 상호보완적인 존재였다. 이 두 집단을 함께 살펴볼 때 진정한 선불의 조화를 이해할 수 있을 것이다. 그러한 이유로 이 두 책을 같이 편집하게 되었다.

《화랑세기》는 40%, 《해동고승전》은 60% 정도를 원문에서 발췌해 번역했다. 《화랑세기》는 발견 당시 찢어진 곳이 많아 해독하기에 어려움이 많았다. 본서를 준비하면서 《화랑세기로 본 신라인 이야기》와 《화랑세기－신라인의 신라 이야기》(이종욱)에서 많은 도움을 받았다. 《해동고승전》은 몇 개의 서로 다른 책이 전하고 있다. 원문에서 잘못된 것은 바로잡아 번역했으며, 《해동고승전 연구》(장휘옥)를 참조했다. 본서는 완역이 아니고, 발췌 번역이므로 자세한 내용은 위의 책들을 참고하기 바란다. 또한 원문들이 매우 함축되어 서술되었기 때문에 윤문을 많이 하게 된 것은 독자들을 위한 불가피한 조치라기보다는 옮긴이의 일천한 실력에 기인한 것임을 밝힌다. 끝으로 본서를 예쁘게 만들어주신 지식을만드는지식 여러분들께 깊은 감사를 드린다.

지은이에 대해

김대문(金大問, ?~?)은 704년(성덕왕 3년) 한산주 총관(지금의 경기도 지사)을 지냈으며, 《화랑세기》 외에 《계림잡전》, 《고승전》, 《한산기》, 《악본》 등의 저술이 있었다고 하나 현재 모두 전하고 있지 않다. 그는 진골 출신으로서 진골 귀족의 입장에서 신라 문화를 이해하려고 했던 것으로 평가하고 있다. 그는 《계림잡전》에서 신라의 불교 수용에 관한 내용, 이차돈의 순교 사실과 신라 초기 왕호, 즉 차차웅, 마립간에 대해서도 그대로 표현하고 있다. 이러한 서술 태도는 최치원이 《제왕연대력》에서 모두 왕이라고 칭했던 것과 비교해 큰 차이를 보이고 있다. 그는 중국에서 들어온 유학을 내세우기보다는 전통적 사상인 선교와 불교에 깊은 관심을 가지고 있었던 학자였다.

본 책에 수록된 필사본 《화랑세기》에 따르면, 그의 집안은 역대 풍월주를 배출한 화랑의 가문이었다. 그의 아버지는 28세 풍월주 오기공이고, 조부는 20세 풍월주 예원공, 증조부는 12세 풍월주 보리공, 고조부는 4세 풍월주 이화랑, 6대조는 1세 풍월주 위화랑이었다. 《해동고승전》

에도 수록된 원광 법사는 그의 증조부 보리공의 친형이었다.

각훈(覺訓, ?~1230)은 고려 중기의 화엄종 승려로서 영통사·흥왕사를 중심으로 활동했다. 이규보는 그를 화엄종의 동량이라고 평할 정도로 화엄학의 고승이었다. 화엄월사·각월선사라고도 하며, 호는 고양취곤이라 했는데 술을 즐겼던 데서 연유한 것으로 보인다. 1215년(고종 2년) 오관산 영통사의 주지를 지내면서 왕명으로《해동고승전》을 지었다. 그는 당시의 대문장가이자 대학자였던 이인로·임춘·최자·이규보와 서로 친했던 문장가이기도 했다.《해동고승전》외에 글과 시를 모은 초집(草集)·시평(詩評) 등이 있었다고 하나 현재 모두 전하지 않는다.

옮긴이에 대해

여성구는 국민대학교 국사학과를 졸업한 뒤 동 대학원에서 <신라 중대의 입당구법승 연구>로 박사학위를 받았다. 현재 국민대학교 교양대학 부교수로 재직 중이며, 국민대, 방송대 등에서 한국사, 불교문화, 역사문화권을 강의하고 있다. 한국 불교와 역사 문화에 대한 글을 썼고, 쉽고 재미있는 내용을 다루면서 역사의 대중화에 앞장서고 있다. 주요 논문으로는 〈신라 중대의 입당구법승 연구〉, 〈신행의 생애와 사상〉, 〈입당구법승 지장의 행적과 사상〉 등이 있다. 저서로는 《신라왕조사》(2002), 《Q&A 한국사》 〈고대 II〉(2008)가 있으며, 한국 문화권에 관심을 갖고, 《안동문화권》(2003), 《경주문화권》(2004), 《금강문화권》(2005), 《태백문화권》(2005), 《영산강문화권》(2006) 등을 공동 집필했다. 이 밖에 《한국불교학연구총서》(2003), 《한국고대의 역사와 문화》(2006)를 공동 집필하였고, 《삼국유사에서 빠진 삼국유사》(2022)를 저술했다.

원서발췌 화랑세기 / 해동고승전

지은이 김대문 · 각훈
옮긴이 여성구
펴낸이 박영률

초판 1쇄 펴낸날 2012년 3월 12일
개정1판 1쇄 펴낸날 2026년 2월 26일

커뮤니케이션북스(주)
출판등록 제313-2007-000166호(2007년 8월 17일)
02880 서울시 성북구 성북로 5-11
전화 (02) 7474 001, 팩스 (02) 736 5047
commbooks@commbooks.com
www.commbooks.com

지식을만드는지식은
커뮤니케이션북스(주)의 고전 출판 브랜드입니다.

ISBN 979-11-430-1780-2 03910

책값은 뒤표지에 있습니다.